科学家名人传记丛书

爱因斯坦

时空信使

Space-time messenger

Einstein

傅德岷——主编

上海科学技术文献出版社
Shanghai Scientific and Technological Literature Press

图书在版编目(CIP)数据

爱因斯坦:时空信使/傅德岷主编. —上海:
上海科学技术文献出版社,2021
ISBN 978-7-5439-8396-0

Ⅰ. ①爱… Ⅱ. ①傅… Ⅲ. ①爱因斯坦
(Einstein,Albert 1879—1955)—传记—青少年读物
Ⅳ. ①K837.126.11-49

中国版本图书馆 CIP 数据核字(2021)第 142190 号

策划编辑:张 树
责任编辑:詹顺婉

爱因斯坦:时空信使

傅德岷 主编

*

上海科学技术文献出版社出版发行
(上海市长乐路 746 号 邮政编码 200040)
全 国 新 华 书 店 经 销
四川省南方印务有限公司印刷

*

开本 650×900 1/16 印张 13.75 字数 275 000
2021 年 8 月第 1 版 2021 年 8 月第 1 次印刷
ISBN 978-7-5439-8396-0
定价:48.00 元
http://www.sstlp.com

前　言

阿尔伯特·爱因斯坦（Albert Einstein，1879—1955），著名理论物理学家、相对论的创立者。

爱因斯坦1879年生于德国慕尼黑一个经营电器作坊的小业主家庭，父母都是犹太人。父亲赫尔曼·爱因斯坦是一位不成功的商人，母亲波林·科克是一位钢琴家。

爱因斯坦在就读小学和中学时，表现平常，不爱与人交往，老师和同学都不喜欢他。1895年，爱因斯坦就读于瑞士苏黎世联邦理工学院。1900年毕业，没能如愿留校担任助教，只能靠当“家教”维持生活。1901年取得瑞士国籍。1902年在大学同学格罗斯曼的父亲的协助下，被伯尔尼专利局录用为技术员，从事发明专利申请的技术鉴定工作。

他利用业余时间开展科学研究，于1905年在物理学三个不同领域中取得了历史性成就，特别是狭义相对论的建立和光量子论的提出，推动了物理学理论的革命。同年，以论文《分子大小的新测定法》，取得苏黎世大学的博士学位。

爱因斯坦在1905年发表了四篇划时代的论文，提出了相对论的观点，震惊了世界。四篇论文分别为《关于光的产生和转化的一个启发性观点》《根据分子运动论研究静止液体中悬浮微粒的运动》《论运动物体的电动力学》《物体惯性与其所含能量有关吗》。同年提出 $E = mc^2$ 公式。这一年被称为“爱因斯坦奇迹年”，一百年后的2005年因此被定为“世界物理年”。

爱因斯坦1908年兼任伯尔尼大学的讲师，1909年离开专利局任苏黎世大学理论物理学副教授，1911年任布拉格德国大学理论物理学教授，1912年任母校苏黎世联邦理工学院教授。1914年，应马克斯·普朗克和瓦尔特·能斯特的邀请，回德国任威廉皇帝物理研究所所长兼柏林大学教授，直到1933年。1920年应亨德里克·安东·洛伦兹和保尔·埃伦费斯特的邀请，兼任荷兰莱顿大学特邀教授。第一次世界大战爆发后，他投入了反战活动。

1915年，爱因斯坦发表了广义相对论。他所提出的光线经过太阳引力场会弯曲的预言，于1919年由英国天文学家亚瑟·斯坦利·爱丁顿的日全食观测结果证实，他1916年预言的引力波在1978年也得到了证实。爱因斯坦和相对论在西方成了家喻户晓的名词，同时也招来了德国和其他国家的法西斯主义者、军国主义者和排犹主义者的恶毒攻击。1916年，爱因斯坦在《关于辐射的量子理论》一文中提出了受激辐射理论，成为激光的理论基础。

爱因斯坦因在光电效应方面的研究，被授予1921年诺贝尔物理学奖。在瑞典皇家科学院的授奖公告中并未提及相对论，原因是认为相对论还有争议。

1933年1月，纳粹党攫取德国政权后，爱因斯坦是科学界首要的受迫害对象，幸而当时他在美国讲学，未遭毒手。3月他回欧洲后避居比利时，9月9日发现有准备行刺他的盖世太保跟踪，星夜渡海到英国，10 月转到美国担任新建的普林斯顿高等研究院的教授，直至 1945 年退休。

1939 年，他获悉铀核裂变及其链式反应的发现，在匈牙利物理学家利奥·西拉德的推动下，上书罗斯福总统，建议研制原子弹，以防德国占先。第二次世界大战结束前夕，美国在日本广岛和长崎两个城市上空投掷原子弹，爱因斯坦对此强烈不满。战后，为开展反对核战争的和平运动和反对美国国内的法西斯迫害进行了不懈斗争。

1955 年 4 月 18 日，爱因斯坦因主动脉瘤破裂，于美国普林斯顿逝世，享年七十六岁。

1999 年，美国《时代》杂志将其评选为 20 世纪风云人物。为纪念他，第 99 号元素被命名为“锿”，他被称为“科学的巨人”。

目　录

第一篇　独立思考的少年

真正有价值的东西不是出自雄心壮志或单纯的责任感，而是出自对人和对客观事物的热爱和专心。

——爱因斯坦

友善的老教授

“不行，不行，奇哥，今天早上太冷了，你不可以出去散步。”这位年老的教授对他那只卷毛的小哈巴狗摇摇头，然后把大门关上，轻快地沿着雪覆盖的小径走下去。刺骨的寒风把他浓密的白发吹成乱乱的一团，在他那张智慧而沧桑的脸孔衬托下，那头蓬乱的白发就如同一轮圣者的光环。他停下来扣上他那件破旧皮衣的纽扣，然后把未戴手套的双手插入宽松的长裤口袋中。

沿着麻色街走了短短的一段路，他停下来和普林斯顿的一

思考中的爱因斯坦

位教授热情地互道早安，这位教授正顶着雪花，准备去大学上早课。邮差也停在路旁，对“一场新泽西州常见的大风雪”作了一番精确的评论。到了下一个巷口，一名小女孩腋下夹着教科书，沿着花园小径跑了过来。

“哦，爱因斯坦爷爷！”她迎向他：“你还记得上周我请你帮忙解答的那个较长的除法问题吗？现在，我彻底了解了，而且昨天我还考了一百分呢！”

“好极了！”他高兴万分。那个小女孩走在他身边。

“我妈妈说，我不应该打扰你，因为你一向很忙。”她继续滔滔不绝地说：“但我告诉她，我已经答应你，只要你帮我忙，我就送给你一个冰淇淋卷。这个礼拜六我拿到零用钱后，就给你带两份巧克力来。”

他们走到街口转角处时，小女孩说：“我必须赶快走，否则要迟到了。”但她马上又停下来，责备似的瞪着他那双湿透了的皮鞋：“爱因斯坦先生，你又忘了在皮鞋上套上橡胶套就出来了！”

他轻声笑了起来，并且拉起裤管，露出光光的脚踝：“我还忘了穿袜子呢！算我运气，出来时没被我妹妹或我的秘书杜卡斯小姐逮到，她们都把我当成老人了。其实，像你我这样的年轻人，这一点点的风雪算得了什么，你说是吗？”小女孩笑着点点头，欢快地跑开了。

一辆汽车缓缓地靠近路边，司机叫道："到城里去吗？爱因斯坦博士，上来吧。"

"谢谢你，我想散一会儿步。"

"好的，顺便告诉你一声，我太太一定要我转告你，她十分欣赏你前天晚上在电台里所讲的话。"

几分钟后，一位牛奶工人从送牛奶的专车上大喊："哈罗，博士！"一位正要上菜市场的家庭主妇，低声向他羞怯地道了一声早安。这时，爱因斯坦已经看到街尽头的火车站，他知道已经到达目的地了。

他承认今天是稍微有点儿冷，也许该喝杯咖啡，暖和一下，再走回去。"那两个女人是不准我吃早餐的。"他想。

他正要踏进那家小餐厅，却被街角的那个卖报纸的小男孩喊住了："嗨，爱因斯坦先生，要不要听点有趣的事？昨天，有几个相当时髦的家伙从火车上下来，我听到他们问一个男人麻色街在什么地方，因为他们要去看你。那个男人说：'我当然知道，我可以告诉你爱因斯坦教授住在什么地方。'那些人说：'你认识他吗？'他说：'什么话，普林斯顿的每个人都认识我们的爱因斯坦教授。'"

微笑的爱因斯坦

“进来，进来。”那位身材高大的希腊老板大叫，同时把大门打开。“怎么回事，爱因斯坦先生？你已有一个多礼拜没到这儿来了，我有些问题要请教你。”

爱因斯坦教授自行坐在长柜台前的一张空凳子上，解开皮衣的纽扣，用力地摇几下头，把雪花从头发上甩掉。“克里斯，请给我一杯咖啡，再给我一块甜饼。”

几位穿着厚毛线衫的大学男生停止他们对棒球得分的争论，一起向教授问好；一位出租车司机放下正在吃的三明治，替教授点燃烟斗。

克里斯说：“爱因斯坦先生，我一直想要问你一个问题。上个礼拜，我看了一本杂志，大家都在讨论你的伟大发现。那本杂志说，你在你的一本著作中写道：‘上面的太空不断地在旋转……’”他做出旋转的姿势说，“我不禁想到……”他突然停下来，显得有点儿不好意思，因为他注意到那几个大学生也在听他说话。

“想什么？”爱因斯坦博士鼓励克里斯，同时咬了一口他妹妹禁止他吃的甜饼。

“我担心，如果我到了太空，却发现那儿什么也没有，那我要到哪儿去呢？”

爱因斯坦把头往后一仰，哈哈大笑：“不要担心，克里斯。”他安慰他说：“你永远不会跑那么远的。”说完在口袋里摸索一阵，“糟糕，我出来时一毛钱也没带。”

“没有关系，”克里斯安慰他说，“上次，你走了以后，我才注意到你多付给我一毛五分钱。”

“呀，我一向就不认为我是数学家。”爱因斯坦微笑着说，

“我给钱总是会弄错。”

爱因斯坦走出餐厅，随手将门带上。这时，一位大学生笑着说：“他就像是笑话中经常提到的那位心不在焉的教授。你们大家可曾听说过有一次他在大学里替英芬博士示范他的一项理论的情形？你们都知道，爱因斯坦是从来不穿吊带裤的，偏偏那天他又忘了系皮带。因此那一次简直忙得要命，先要抓住裤子，然后又要尽力在黑板上画线。”

大家都笑了起来，只有克里斯例外。

“你们不应该取笑他，”他谴责地说，“我没受过多少教育，但我听许多人说，他是世界上最聪明的人。”

随后，爱因斯坦仍像往常那样轻快地往回家的路上走。雪已停了，各户人家皆已忙着铲除他们门前的积雪。一些只认识他模样的人，简单地向他道声早安，而有些人则停下工作，两手扶着铲子，和他无所不谈地聊天，从天气一直谈到来自欧洲的最新消息。爱因斯坦简短地谈了几句，他希望尽快脱身，于是他友善地道别，并挥挥手中早已熄灭的烟斗。因为，他突然想到，时候已不早了，今天还有很多事要忙呢！

他边走边想，好心的邻人太多了，明天要从另一条路到城外去，那儿可没有人

坐在椅子上，暗自出神的爱因斯坦

居住。如果总是停下来聊天，哪还有时间去思考呢?

麻色街的最后几小段空无一人，当他回到他那栋白色木板屋顶的房子里时，他早已在深深思考一个问题了。由于沉浸在自己的思考中，以至于并未注意到有一个陌生人坐在他屋前的台阶上。

那位年轻的陌生人喊了一声“爱因斯坦博士”，他说：“我已经等您将近一个小时了。”

他的德国腔调比教授还要重。爱因斯坦一向喜欢讲自己的家乡话，因此他用德语回答：“你为什么不按门铃?”

“我按了。”这位访客也改用德语回答，“但那位女士不让我进去。我告诉她，我并不是来推销东西的。”他看了一眼自己身边的那只黑色皮箱说：“当我说，我只是想要拍一些您的照片，并且做个简短的访问时，她立刻就把大门关上了。”

爱因斯坦尽量装得很严肃的样子说：“杜卡斯小姐的做法很对。我经常告诉她，我不愿再拍照片，而且也不再接受访问。只要一破例，接下来就要接受好几百次的访问，这么一来，我就没有时间做我的工作了。为什么人们老是要阅读有关我的报道呢? 其实，我所要说的话，全都记载在我的书上了。”

“但……”那个年轻人绝望地说，“如果我不弄篇报道或是一两张你的照片回去交给编辑，我的工作就保不住了。目前在纽约有许多犹太难民，都急于找工作维生呢。”

爱因斯坦叹了一口气：“唉，我自己也是难民呢，但是我幸运得多。我来到这个国家时，并不需要找工作。我实在抱歉，无法帮你的忙。不过，你冷得正在发抖。如果你愿意进来暖和一下，我倒是很欢迎。可是，我又把钥匙忘在家里了。”

在他们等待屋内的人前来开门之际，老人以炯炯有神但和善的眼光打量着这位访客，从他那顶外国式样软帽一直往下看到宽大的鞋子。“你刚从德国来此不久吧?”他猜测地问道，“你是从德国哪个地方来的，你的家人呢?”

“我的家人——”年轻人有点踌躇地说，“他们全都死在集中营里了，我的家在乌尔姆。”

“乌尔姆!”爱因斯坦抓住那位青年的手，用力摇动，“那是我出生的地方啊。”

一位脸色相当严厉的妇人打开了大门，她还来不及开口，爱因斯坦已经愉快地介绍了这位不受欢迎的访客。

“杜卡斯小姐，这位年轻人是从德国乌尔姆来的，好难得啊！我已经邀请他进来坐一会儿，因为他可能有我们德国友人的消息。”他们在这位女秘书不赞同的眼光下走进了客厅。爱因斯坦接着说：“而且，他一定要暖和一下，才能走回到火车站，今天实在很冷!”

“既然很冷，你为什么不穿袜子就走出去?”杜卡斯小姐责问道，“你一出门，我发现我为你准备的这双新的羊毛袜搁着没穿。”

那位年轻人悲伤的眼光迅速扫过这间雅致的起居室里的钢琴、书架以及客厅后面的古董家具。

“这儿使我想起老家。”他喃喃地说。

爱因斯坦告诉他：“我很幸运，把我的家具从柏林公寓全都搬来了。希特勒没把我这些东西拿走，因为我的几位好朋友帮了我这个大忙。在这些长窗的外面，是一座漂亮的花园，这是我太太选中这栋屋子的原因。我们在这儿度过了一段愉快的时光。可惜，她已去世了，现在是我妹妹玛加和好心的杜卡斯小姐照顾我。”

“没有人能够好好照顾你，”杜卡斯小姐不满地说，“赶快把那双湿淋淋的皮鞋脱下，我去拿双拖鞋给你。坐下来，看看你刚才在散步时送来的信件。我把你要到纽约演讲的电报放在最上面，这封电报马上就要回复。”说完她匆匆忙忙地走开了。

“坐下来，好孩子，坐下来！”爱因斯坦招呼着，自己在一张椅子上坐下了，杜卡斯小姐把卷毛哈巴狗放到他膝上。他说：“谢谢你，海伦。好的，好的，我马上就看信，但是，这位年轻人先得告诉我……”

接受采访的爱因斯坦

“我早已告诉他，你没有时间接受访问。”杜卡斯小姐提醒说，“你为《新闻报》撰写的那篇文章的某些部分，马上就要整理为原子弹委员会所要的笔记。委员会的人今天下午就要从华盛顿赶来了。”

“不接受访问。”爱因斯坦笑着向他保证，“只给这年轻人短短的十分钟，让他暖和一下身子，并回答我的问题，然后你就可以把他赶回到雪地上去。”

等到只剩下他们两人时，这位年轻人结结巴巴地说：“我不敢打扰您，但如果您肯稍微对我谈谈您自己，并让我拍张照片，我相信一定可以使我获得我所向往的这份工作。”

“不行，有关于我自己的蠢照片已经太多了。有一次，一个新闻记者要求拍张我拉小提琴的照片。我告诉他：‘咱们换个方式好了，你愿不愿意拍张我倒立的照片？’”

这位年轻的德国小伙子勉强笑笑，说：“我不会占用您太多时间的。”他的嘴唇发抖，同时弯下身子提起皮箱：“我想，是不是可以看在我们都是难民的份上……”

这位大科学家自己在心里想着：我们都是难民，如今我已经安全地躲在港内，而这个孩子却在美国彷徨无依，实在可怜！

爱因斯坦语气温和地说：“如果你动作快一点的话，在杜卡斯小姐回来之前，你可以替我拍一两张照片。趁着你在打开皮箱取出照相机的时候，我可以对你发表一些简短的访问谈话。所有这一切以前都谈过了——我早年的情形，如何在一夜之间变得举世闻名；德国人如何把许多荣誉加在我头上，然后又宣布我是一名叛徒，并悬赏要我的头。你也不必浪费时间问我对乌尔姆的记忆。因为我在很小的时候，就跟随父母亲离开了那儿到慕尼黑去了。”

爱因斯坦漫不经心地抚摸着他抱在膝上的那只小狗说道：“你可知道我对慕尼黑的什么事情记得最清楚？一次，在我应该上床睡觉的时候，偷偷溜下床，坐在楼梯口，聆听我亲爱的母亲在楼下弹奏贝多芬的乐曲；还有在我大约五岁的时候，父亲有一次把装在他怀表表链上的一个小饰品拿给我看，那是一个玩具罗盘。有时候我不禁想，让我第一次产生对科学的兴趣的，很可能就是那个小罗盘。”

罗盘中的“为什么”

那是 1884 年，一天晚餐的时候，赫尔曼·爱因斯坦先生——慕尼黑一家犹太人工厂的老板——心急地轻轻扯着面前的白餐巾。通心粉早就煮好可以吃了，脸颊红红的女佣人也把烤鸡端上桌。赫尔曼先生拿起切肉刀，皱皱眉头，又把刀子放了下来。

他对坐在餐桌对面的太太说道：“波林，阿尔伯特到哪儿去

19 世纪的慕尼黑

了，他究竟在做些什么重要的事，竟然连晚饭都不回来吃？”

“也许他终于在附近找到了一位喜欢的玩伴了，小孩子一玩起来，有时候会忘记肚子饿的。”爱因斯坦夫人说。

这位女主人暂时停止说话，忙着替坐在她身旁满头卷发的三岁小女儿玛加把马铃薯捣碎。

“我带孩子们到公园散步时，玛加跟每个人都能成为好朋友。但当小男孩们要求阿尔伯特跟他们一起玩耍时，他总是拒绝人家。”

爱因斯坦夫人叹了一口气，又说：“他总是那样子。可能是因为他学说话的时间比较迟一点，所以才会这么害羞。”

“我知道阿尔伯特在什么地方。”玛加说。

“什么地方？”父亲问道。

小女孩说：“他喜欢在花园里走来走去，他老是赶我走开，也不跟艾莎表妹玩。他只会自己编一些小曲子，一边走一边唱。”

“到底他现在在什么地方？”赫尔曼说。

玛加回答道：“就在我们花园的尽头，靠近篱笆的大树底下。他喜欢坐在那儿，唱他自己编的歌儿。”

玛加又低头吃她的晚餐了。赫尔曼吩咐女佣人去把那个忘记回家吃饭的小男孩带回来。几分钟后，阿尔伯特·爱因斯坦踌躇地站在门口，像一名拥有良好家教的德国小孩，恭敬地等待长辈吩咐。他跟他的妹妹长得很相似，同样的黑发，同样的大眼睛。但是当玛加哈哈大笑玩耍时，他往往沉浸在自己的想象中。

赫尔曼缓慢而威严地拿出他那只厚重的金表，把表拿到他那五岁大儿子的面前说："你自己来看看已经是什么时候了！"

小爱因斯坦向餐桌走过去。他对于目前几点毫无兴趣，他只希望父亲不再训他，并希望能早点尝尝桌上的烤鸡，因为那只烤鸡闻起来很香。但当他顺从地弯下身子看表时，却对挂在表链上的那个金质小饰品发生了兴趣。

"爸爸，表链上那个是什么东西？"小爱因斯坦问道。

"你以前一定已经看过几千次了，不要为了怕被父亲责骂，就随便扯些别的话题。"他的母亲说。

"不是的，妈妈，"小爱因斯坦严肃地告诉她，"我真的想知道为什么当我拿起表时那只小针就会转动。"

赫尔曼显得很高兴，因为小爱因斯坦很难得对某件事物表示兴趣。赫尔曼有时候甚至想，养了这么一个笨儿子实在头痛。现在他高兴地露出微笑，并在儿子的盘子里放了许多烤鸡肉、胡萝卜和马铃薯。

19 世纪的罗盘

赫尔曼说："你快点吃，我就会告诉你的，这是罗盘。它很小，是不是？但它和比它大的罗盘一样准确，人们利用它在海上引导船只航行。"

"这上面四个小字母是什么意思？"

"北、南、东和西。中间那个黑色的针指北方，假如你在森林里迷了路，只要身上带个罗盘，立刻就可以找到北方，然后选个方向走出去。”

“那只针总是指着北方吗？一直都是吗？”

“是的，一直指着北方。”

“为什么？”

“赫尔曼，让孩子吃饭吧。”爱因斯坦夫人打断了他们的谈话，同时摇铃叫女佣端上甜点。“你难道忘了？你工厂里的几个工程师今晚要到我们这儿来听音乐。如果我们不快一点，我就没有时间在他们来到之前换衣服了。”

但小爱因斯坦一点也不急，甚至连他最爱吃的樱桃饼也无心享受。他一边吃一边向父亲提出问题，并要求在他下一次生日时送给他一个罗盘作为生日礼物。

“只要你乖，并记得按时回来吃晚餐，我就送你一个。”他的母亲答应道。

说完她急急忙忙站起来，回到房里脱下身上那件黑色羊毛衣，换上她最喜欢的那件深红色花边领子的丝质礼服。玛加站在梳妆台旁边，看着她母亲梳着又长又亮的头发。她嗅着香水瓶，向母亲借了一些发夹，模仿大人的样子夹住自己的卷发。玛加对母亲说，她长大后，随时都要穿一件花边的红色衣服，不必等到有客人来时才穿。

小爱因斯坦随父亲来到客厅，客厅里挂着家人的画像，大理石桌面上有一个插满鲜花的花瓶。赫尔曼拿起晚报，但这个小男孩却礼貌而坚持地提出一个又一个的问题。赫尔曼的工厂主要是生产电器及化学品，因此他对科学的认识超过一般的商人，但他并不准备满足这个五岁小男孩的好奇。

“去问你的杰克叔叔吧！他喜欢解释事情。”他建议说。

席勒（1759—1805）

“杰克叔叔现在不在这儿，我现在就想知道。”

“你愿不愿意听我给你讲个故事？”赫尔曼哄着说，“我刚刚想起了席勒所写的一个故事，提到一位骄傲的女士把她的手套丢入一群愤怒的狮群中。或者你愿意听我朗诵一段海涅的诗吗？你不是一向喜欢他的《罗列莱》么？”

“不，我宁愿知道有关罗盘的事，为什么指针老是指向北方？”

“因为指针已经磁化了。”

“磁化？”小爱因斯坦十分缓慢地说出这个新名词。“磁化是什么意思？”

赫尔曼的妻子匆匆走进来。

“波林，这孩子是不是应该上床睡觉了？”她的丈夫忧愁地问道。

小爱因斯坦充满渴望的脸上立即蒙上一层阴影。他提醒父母说：“妈妈一向准许我晚点睡，并准许我听妈妈及客人弹奏钢琴。”

母亲知道他非常喜爱音乐，而且也了解他失望的心情。但她注意到，他的眼睛闪闪发光，两颊通红。她不禁弯下身子摸摸他的脸孔，确定他是不是在发烧。她摇摇头说：“不行，阿尔伯特，亲爱的，你必须立刻上床睡觉。我担心你刚才在花园里待得太久，因沾了露水而着凉了。赶快上楼去换衣服，只要你把房门开着，仍然可以听见音乐声的。”

她吻了吻他，他只好顺从地走向楼梯。但不到一会儿，他又走回来。

他认真地说：“我想，如果我能拿着爸爸的罗盘上床睡觉，就可以睡得更好。”

“阿尔伯特！”他的父亲以最严厉的声音喝了一声，小男孩只好转身离开。赫尔曼性格一向很温和，小爱因斯坦知道他父亲现在已经生气了。

工厂的几个工程师已经来了，爱因斯坦夫人领着客人走进放置钢琴的厅堂。不久，她沉醉于贝多芬的乐曲中，以至于忘了她本来还要上楼去查看小爱因斯坦是否安睡在床上了。直到一曲结束，她端出咖啡及饼干招待客人时，才又想起这件事，于是请求丈夫去看看儿子。

赫尔曼踮着脚尖走进儿子的房间。从房间窗口正好可以俯视下面的花园及草地。他一只脚踏到一双鞋子，不觉皱起眉头，心想：这个孩子怎么如此不整洁！妈妈已经教会小玛加把她的衣服收拾整齐，为什么阿尔伯特老是学不会？

他打开桌灯，俯身到小床上。小爱因斯坦仰卧着，望着父亲。他的眼睛睁得大大的，毫无睡意。

“你这个淘气鬼，为什么还不睡觉？”赫尔曼问道。

“对不起，爸爸，我睡不着。”

“是不是感觉不舒服？把舌头伸出来！”

“我没有生病，爸爸，我只是在想事情。”

“想什么?”

“在想那只磁……磁化的针。什么是磁针？爸爸。”

“我已经告诉过你了，杰克叔叔可以讲得比我更好。现在做个乖孩子，睡吧!”

他转过身子，但小爱因斯坦抓住他的手臂说：“爸爸，我并不是故意要淘气，我立刻就要睡了。如果您让我拿着那个罗盘，我就会睡得更快。”

19 世纪的怀表

赫尔曼微微一笑，把怀表链上的罗盘解了下来。“拿去吧。”他弯下身子，并吻了一下他的儿子，“赶快睡吧，待会儿你妈妈上来时一定要睡着。”

稍后，爱因斯坦夫人在她梳理整齐的头发上戴睡帽时，她的丈夫把他和小爱因斯坦的床边对话告诉了她。

“谁会想到像这样小的一个小孩子竟会对磁学如此感兴趣!”她惊讶地说，“我真是想不到……”

“就是如此，才令人头痛。永远没有人知道他心里想些什么!”爱因斯坦的父亲抱怨说：“我在表链上悬挂那个小饰物已有两年多了。当他注意到那件小东西时，竟然兴奋得睡不着。”

“我担心他上学之后，会有问题。”波林说道，“他害羞，而且当你和他说话时，他脑中却想着别的事情。”

“他的老师将不准他这样子胡思乱想，我要送他进德国最好的学校。我就是为了这个原因，才在他出生后，从乌尔姆搬来慕尼黑。他在这儿会得到许多好处，我希望他能尽量利用。我去世后，也许无法留下大批财产给他，但我要让他接受良好的教育，目前的犹太人必须有良好的教育才能生活。”

“我们的阿尔伯特将会生活得很好。”爱因斯坦夫人信心十足地向她的丈夫保证。“你可曾注意，当他听我演奏钢琴时，显得多么快乐，甚至试着想要自己弹奏。等他满六岁时，一定要让他接受音乐训练。我想，先学小提琴比较合适，也许他会成为一名伟大的音乐家。”波林畅想着。

“他太懒了，恐怕不会勤于练习。”赫尔曼说着，随手关掉了电灯。

“还有，他不断地提出有关罗盘的问题，这岂不是说明他很有求知欲吗？也许……”她终于第一次大胆说出每一个德国母亲的愿望，“也许，他长大后会当一名教授。”

背景知识

中国古代的罗盘

罗盘是测定方向的仪器。中国古代的罗盘主要由位于盘中央的磁针和一系列同心圆圈组成，每一个圆圈都代表着中国古人对于宇宙大系统中某一个层次信息的理解。

中国古人认为，人的气场受宇宙的气场控制，人与宇宙和谐就是吉，人与宇宙不和谐就是凶。于是，他们凭着经验把宇宙中各个层次的信息，如天上的星宿、地上以五行为代表的万事万物、天干地支等的名称全都刻在罗盘上。风水师则通过磁针的转动寻找最适合的特定人或特定事的方位或时间。

尽管风水学中没有提到“磁场”的概念，但是中国古代的罗盘上各圈层之间的方向、方位、间隔的配合，却暗含了“磁场”的规律。

罗盘的发明和应用是中国古人对宇宙、社会和人生的奥秘不断探索的结果。罗盘上逐渐增多的圈层和日益复杂的指针系统，代表了人们不断积累的实践经验。当然，这些经验是否全面和正确还有待于进一步研究，但是罗盘上所标示的信息却蕴含了大量古老的中国智慧。

磁 化

磁化是指使原来不具有磁性的物质获得磁性的过程。一般磁性材料里面分成很多微小的区域，每一个微小区域就是一个磁畴，每一个磁畴都有自己的磁矩（即一个微小的磁场）。一般情况下，各个磁畴的磁矩方向不同，磁场互相抵消，所以整个材料对外就不显磁性。当各个磁畴的方向趋于一致时，整块材料对外就显示出磁性。

所谓的磁化就是要让磁性材料中磁畴的磁矩方向变得一致。当对外不显磁性的材料被放进另一个强磁场中时，就会被磁化，但是，不是所有材料都可以磁化的，只有少数金属及金属化合物可以被磁化。

数学天才

杰克叔叔外出谈生意，要几个月以后才能回来，小爱因斯坦耐心地等待着。

在杰克叔叔前来吃晚餐的第一个星期六，小爱因斯坦立即请求他解释神秘罗盘的作用。

“我们到花园里去，那儿比较凉快而且安静。”杰克叔叔提议说。

“好吧，阿尔伯特，我们最好从磁极说起。磁极吸引这个罗盘的磁针，就如同我买给你当生日礼物的那块磁铁，能够把所有铁片都吸住。”

“为什么磁铁会吸引铁片呢?”

“这有点像是地心引力。”杰克叔叔说。他捡起玛加还留在草地上的那只鲜红色的皮球。“我一放手，皮球就会掉下去。地心引力把皮球拉向地面，磁铁吸引铁片，也是相同的道理。”

“地心引力?”这又是另一个精彩的新名词。

“地心引力在什么地方?”

“在所有空间之中。”

爱因斯坦皱起眉头：“前几天我问父亲，空间是什么，他说是空的。”

杰克叔叔知道自己已经无法应付这孩子的穷追诘问了。

“你现在既然已经开始上学，为什么不拿这些问题去问你的老师呢？”他建议说。

爱因斯坦皱着眉头，将他的鞋跟抵在小石头上旋转。“我不喜欢上学。”他的声音很低，仿佛担心坐在走廊里的父亲会听见而斥责他。

德国骑兵军官

“那就像是去当兵一样。”他告诉杰克叔叔，“在我生日那一天，妈妈特别带了我和玛加及艾莎表妹到卢韦格斯堡看阅兵典礼。那地方有许多旗帜和骑在马背上的军官，后面跟了许多许多士兵。他们行进的样子，就像我把音乐盒的发条上好后的那些锡制小玩具兵，我真替他们感到难过。”他的脸孔因为羞愧而通红。他继续说道：“我开始哭了起来——玛加和艾莎表妹却笑我。”

“哦，你到底为什么哭呢？”杰克叔叔问道。

“当兵一定很可怕，有那么多的军官不断地对你大吼大叫，而且还要离开自己的家人，住在那些叫军营的恐怖房子里。”

“当兵和住营房跟你上学有什么关系呢？你可知道，我们德国的学校可是世界上最好的。我记得曾在报上看过，美国大教育家史太韦博士还专程到德国来学习，希望能有助于他在俄亥俄州办学校呢！而且，美国医生一定要在德国大学里研究过之后，才敢开业行医。”杰克叔叔夸张地说。

爱因斯坦有点踌躇，即使是和蔼、亲切的杰克叔叔，也很难解决自己的疑问。

“学校就像是军营。”小爱因斯坦慢慢地说，“那些老师就像是指挥士兵做这做那的军官。如果你不用心学习，他们就会责骂或鞭打；如果不太了解书上的意思而提出问题时，往往会令老师们生气而受到责怪，偏偏我又特别喜欢发问。”

杰克叔叔自己也曾经历过德国学校那种钢铁般纪律严格的生活，因此心里也很同情这位侄子。但他认为，最好不要鼓励他的反抗思想。

杰克叔叔建议说：“如果你拿问题来问我，我不敢保证都能给你满意的回答，但我将尽力而为。我刚刚看到你父亲正对我挥手，这表示我们应该回工厂去了。”

小爱因斯坦走到花园小径的尽头，那是他最喜欢的地方。那儿的树丛和蔓藤底下有个缺口，就像洞穴一般，他爬进去。他很高兴玛加和艾莎表妹正忙着玩她们的洋娃娃，没时间来打扰他。他想要思考一下他和杰克叔叔刚才谈话的内容，并思考空中怎会充满磁性及地心引力，但同时却又是空的。

他很高兴杰克叔叔并未问起他上学的情形。小爱因斯坦真的很想交朋友，但在课堂里，由于他说话很慢，而且害羞，所有的男孩子们都认为他很笨。在运动场上，他显得既尴尬又笨拙，因此从来没有人邀请“诚实的约翰”参加游戏。

“为什么大家替你取这么怪的一个绰号？”赫尔曼夫人曾经

这么问他。

“我想，他们只是为了嘲笑我。”小爱因斯坦回答道，“自从我为了免遭处罚而向老师说谎之后，他们就这么喊我。”

在当时的德国学校里，除了教阅读及数学之外，还教宗教。慕尼黑大部分居民都是天主教徒，因此爱因斯坦学会了关于天主教的很多事务。老师所教的，和他自己的犹太牧师所教的并没有太多的不同。

幼年时的爱因斯坦

每天放学后，他最大的乐趣就是独自一人沿着伊萨河的河岸，走上很长的一段路。他经常停下来休息，梦想教会中的事情，他偷偷溜进圣母教堂的最后几排座位，然后坐下来凝视这座光线昏暗的大教堂墙壁上那些先知及圣徒的画像。神坛前的烛光随风摇曳，使他为之着迷，神坛前面有几位修女及妇人跪在那儿祈祷。

在这种宁静而幽暗的环境中，他企图寻找出那些一直困扰他的问题的答案。上帝是否像爱基督徒那样爱犹太人？宗教老师不是常说“神是我们的父，我们都是他的孩子”吗？既然大家都像一家人、都是好朋友，那么，基督徒为什么又要把他们的教堂和犹太人的教堂分开呢？他觉得杰克叔叔无法在这个问题上帮他的忙，而他又不愿和父亲讨论，因为父亲并不关心宗教问题。对他来说，在每天都会增加一点困惑的世界里，这只不过是另一个令他感到困惑的问题而已。

因此，之后的几年里，他就在孤独与困惑中度过。他对学校的怨恨，只有在放假去湖边或山间休息时，才稍微获得缓解。他们经常邀请艾莎表妹同行，她和玛加喜欢采集野花，结成一把花束带回家。小爱因斯坦却说："花儿生长在阳光下看来更为漂亮。"引得两个女孩子哈哈大笑。

他若被带去参加音乐会，或是获准晚点睡觉以欣赏母亲弹琴时，就会显得很高兴。

爱因斯坦的母亲责备他说："你是不值得拥有这些享受的，淘气鬼！老师说你不愿以正确的方法去练习。"

"那样子学音乐是不对的。"爱因斯坦坚持说，"那个音乐老师对我十分生气，而且不愿继续教我。他并不喜欢音乐，他老是提到音阶，他说我需要多练习。他跟学校里的老师一样，老是说我必须像行列中的士兵那样操练、操练、再操练。"

他的母亲不禁摇摇头，对于他这种反叛思想感到震惊，然而又不得不承认，以爱因斯坦的年龄来说，他实在称得上是一名杰出的音乐家了。当他听到莫扎特的作品时，立刻为它那轻松、优美而迷人的旋律所吸引。他下决心要演奏这种美好的乐曲，他认为这才值得演奏。他似乎天生就有音乐细胞，当他发现莫扎特所表现的主题之后，由衷地感到快乐。他爱好音乐，尤其在小提琴演奏方面颇有天分。尽管他的音乐老师并不高明，但他十四岁时已学会演奏小提琴了，而且演奏得相当好，甚至应一群年纪较大的演奏者之邀，和他们组成乐团一起演出。

爱因斯坦十岁大时，就已准备进入路提波德中学就读。这所学校将大部分时间用于教授希腊文及拉丁文，爱因斯坦对这两种文字十分痛恨，不过后来他却从希腊古典文学作品中获得许多灵感。

在他年幼的时候，他认为这两种文字不但枯燥无味，而且难懂。对一个不喜欢“操练”的学生来说，这两种语言实在没有意义，他越来越感到不耐烦，因此，他把在课堂的每一分钟用来思考令他感到困惑的一些问题。有人说，想要找出事情的“原因”及“经过”的，就是科学家。这么说来，爱因斯坦早已是一个科学家了。

路提波德中学的老师跟爱因斯坦以前的老师同样冷酷而严厉，因此爱因斯坦感到很不快乐。他们坚持相同的军事管理原则：他们是带兵的军官而不是学生的良师益友。他们对学生提出的问题深感厌烦，而爱因斯坦就是这类老师最不喜欢的学生。爱因斯坦不愿以最简单的方式机械记忆他所学到的东西，他一定要知道“为什么”，有时候还要提出一些令人困惑的问题。

歌德雕像

在以后的岁月中，爱因斯坦记得在慕尼黑的许多老师当中，只有一位是他的朋友。这位老师名叫路易斯，他教这个小男孩有关席勒、歌德及莎士比亚的作品。对爱因斯坦来说，诗歌几乎就像音乐般美妙，他也非常喜爱莎士比亚的剧本。许多德国人认为，莎士比亚的作品受席勒的影响很大。爱因斯坦永远记得，当他初次听到歌德的长诗《赫尔曼和多罗泰》时——它所叙述的故事和美国诗人朗费罗的《伊凡吉琳》相似——他的内心十分激动。

爱因斯坦经常因为没有完成作业，在放学后和某些同学一起被留下来。他觉得这段时间甚至比平常上课更为乏味，但如果负责督促学生学习的是他最喜爱的这位老师，他就不会觉得难过。

在这时候，爱因斯坦结识了另一位朋友，这位朋友引导他进入另一个迷人的世界。

赫尔曼遵照古老的犹太习俗，每周邀请一些贫苦的学生到家中用餐一次。如果某位学生有幸接受多次这种定期的邀请，在求学期间他就不必害怕饿肚子了。

每周四到赫尔曼位于郊区的家中吃晚餐的，是一位俄国籍的犹太人，他是慕尼黑大学的医科学生，名叫马克·塔尔梅。塔尔梅试图开导阿尔伯特·爱因斯坦这个羞怯的小男孩，因为他在学校的成绩使望子成龙的父母非常担心。

爱因斯坦的全家合影

“原来你讨厌语文。”塔尔梅有天晚上对小爱因斯坦说，“不错，拉丁文是很沉闷，但我却必须靠它来学医。也许，你对科学有兴趣。”

“我可不喜欢他们在学校里教授的那种方式！”小爱因斯坦不高兴地回答说。

“你是否曾经读过艾萨·伯恩斯坦所写的有关于自然科学的那些小书？”塔尔梅问道。

“没有？好，下周我来的时候，带几本来。”

第二个星期四晚上，当这名医科学生专心一意用餐时，小爱因斯坦虽然食欲不错，但对眼前的晚餐却毫无兴趣。放在他盘子旁边的那些小书叙述着各种科学原理，关于植物和动物、星星和陨石、地震和气象，等等。爱因斯坦很惊讶地发现，这位作者虽然描述了这么多的自然事实，却叙述得很有条理。

“阿尔伯特，亲爱的，在餐桌上看书是不礼貌的。”他的母亲提醒说。她转过头，微笑地望着丈夫说：“他兴奋得就像你在几年前，把你的小罗盘拿给他看一样。”

“我记得他当时一直缠着我把罗盘的原理解释给他听呢。”杰克叔叔笑着说，“但是，我并不是一个好的科学老师。”

“您比我们学校里的任何人讲解得都更清楚。”小爱因斯坦很感激地说，“当我开始学习代数时，我整个搞糊涂了，杰克叔叔在一分钟内就把一切解释清楚了。杰克叔叔说：‘有点不像是念书，更像是打猎。我们把 X 当作一头动物，我们努力寻找，直到把它抓到为止。’经过杰克叔叔如此一说，所有的问题就变得简单多了。”

杰克对客人们夸口说：“当他开始学几何时，他还未上第一节课，就把几何课本从头到尾念完了。”

“几何很有趣，因为它可以证明所有的定理。我喜欢证明各种事情。”小爱因斯坦喃喃说道。

“你真是一位数学家!”他的叔叔说道。

“我本来就说过，只要是他有兴趣的，他就能做得很好。”赫尔曼夫人似乎很高兴有个机会来夸赞她的儿子，她接着说：“我不是也曾说过，他迟早会认真学习，而且有一天会当上教授。”

“这也许要比当一名失败的年轻人好得多。”赫尔曼深有同感。

他的话道出了心中的苦楚。他的电器工厂的境况并不好。玛加还是一个小孩子，但做父亲的却担心，等到她将来出嫁时，要到哪儿去张罗嫁妆呢？还有，阿尔伯特虽然对数学极有天分，但像他这种学生将来毕业后，教授是不会给他安排好的工作的。等到这孩子长大到可以自立的年龄时，他要干什么呢？

小爱因斯坦并不知道父亲在生意上遭遇到了困难，他在短期内读完了二十多本伯恩斯坦的著作。他知道最好不要在学校里和老师讨论这些书的内容。不过，杰克叔叔和塔尔梅则是很好的听众。

塔尔梅说：“当然，我可以在化学和生物方面指导你，但是，我希望我对数学的了解能跟你一样。当你解出我们不会的问题时，我觉得自己实在很笨。毕竟，我比你大了十岁，而且还是个大学生。”

这位十四岁的小男孩高兴得羞红了脸，像这样的赞美是多么的宝贵！因为在学校里，从来没有人赞扬过他。他不知道，当他的数学老师发现他这位羞怯而沉默的学生已经自学过了他尚未在班上教过的几本教科书时将会怎么说。

“实在十分简单。”爱因斯坦说，“几何与微积分的一切都计划得相当漂亮，就像是舒伯特的小夜曲。”

大约一年以后，阿尔伯特·爱因斯坦结束了他在郊区宁静祥和的家庭生活。他的父亲不得不关闭工厂，带着家人迁往意大利米兰，希望当地的亲戚能帮助他东山再起。小爱因斯坦无法随着家人去意大利，他必须留在学校，获得文凭，以便能够进入大学就读。这个男孩讨厌进入商业圈子为生活而奔忙，他和他的父亲一致同意，在其他行业中，他也许可以获得较好的成功机会。

阿尔伯特·爱因斯坦在慕尼黑不久就开始觉得寂寞了。他住在宿舍里，每当回想起家庭的温暖，就很怀念母亲无微不至的照顾。他对数学的兴趣越来越浓厚，但这并不能使他在学校感到愉快，相反，他觉得更加痛苦了。因为他的同学，甚至他的老师们，对于他高超的数学水平深恶痛绝。他从来不夸口，也不好出风头。但是，像他这样一个老实的男孩子怎么懂得掩饰自己的感情？他不喜欢学校的教学方法以及与学校有关的所有事物。教师和同学们当然感受得到他的态度，因此都对他有很大的敌意。

爱因斯坦觉得厌烦而寂寞，渴望能亲眼去看看他母亲在信中提到的米兰的灿烂阳光及美丽景色。因此爱因斯坦决心去到家人的身旁。他绝望地想道：“即使我拿不到毕业文凭，我也要回去。”就在他的父母和玛加离开他六个月之后，爱因斯坦也计划追随他们去米兰。他知道，至少在数学方面，他的水平已经超过高等学校的毕业生。他为自己争辩说："这样一来，我不是可以无需文凭就能进大学了吗?"

爱因斯坦的一位老师给他写了一份证明，说明这位学生的数学程度足以使他进入更高一级的学校，在数学方面进行更深入的研究。慕尼黑的一名医生甚至表示，这位年轻学者精神紧张，而且疲累不堪，如果能到意大利和他的父母共度六个月的假期，将对他的健康有很大的帮助。现在，这位数学教师不仅同意爱因斯坦换个环境，同时也建议，他离开学校后可以不回来了。

爱因斯坦立刻很自然地问，他为什么被学校开除。

"如果你认为我有触犯你及学校的任何过错，请把我的过错告诉我，也许我可以替自己辩护一番。"他说。

这位数学教师并未指责爱因斯坦违反校规。但他觉得，爱因斯坦在课堂里会破坏其他同学对教师们应有的敬意。也许他所指的，是爱因斯坦习惯在课堂上问些连教师们都回答不出的

19 世纪的意大利

问题。

一连几个月，爱因斯坦在意大利过得十分愉快。他喜欢当地的人，他们快乐、单纯，和讲究纪律的德国人相比较，意大利人显然自由自在多了。他长途跋涉，从亚平宁山脉一直游历到热那亚，他游览各地的艺廊，并研究教堂的绘画和雕刻。他对身边的各种音乐都十分喜爱，不论是城市剧院里的歌剧及音乐会还是各山村小旅馆中农夫的歌声。

赫尔曼之前在事业上相当成功，但是他在米兰开设的电器厂以及随后在帕维亚所开的企业，却最终全部宣告破产。

“我再也无法供给你金钱了。”爱因斯坦的父亲对他说，“你必须赶快找个工作，如果你能取得高等学校的毕业证书，那么，你就可以进大学读书。”

爱因斯坦知道再也不能回到学校去，而且他也不愿意回去，虽然他可以设法获准进入一家德国大学就读的机会，但他不打算这样做。他下定决心，要脱离限制他早期生活的锁链。虽然他的父亲仍是德国公民，但阿尔伯特·爱因斯坦计划放弃他和德意志帝国的任何联系。

他缓缓回答说：“爸爸，我不愿进大学，在您认为我只是到处游荡及听音乐的时候，其实我正在计划将来应该选择哪一行业作为我终身的事业。我希望研究理论物理学，虽然我尚未遇见过任何一位理论物理学家，但我知道我想要当一名理论物理学家，因为我总是想要找出事物的真相。当我开始学习几何时，我了解到，数学也是一种语言，凭着它，人们可以知道其他人对神秘的大自然有何发现。现在我希望自己来发现事物的真相，就如同牛顿及其他大科学家一样。”

“那么，你最好进入一所好的技术学校。”

“是的，我现在对于一般大学所能教授的哲学、语言及文学等并没有兴趣。”

父亲赞许地点点头说：“你想学理论科学还是应用科学？例如工程。”

“目前我希望研读理论物理，这方面最好的学校似乎应该是苏黎世联邦理工学院。我也许不需要凭高等学校的毕业证书就可以去就读。”但他有点踌躇，因为他知道父亲的事业并不顺利。“如果您能资助我旅行费用，我将到瑞士去参加苏黎世理工学院的入学考试。”

“我会设法让你前往瑞士的。”赫尔曼深表同意地说，“至于生活费用，你也不用操心。要好好努力上进，希望你能成功。”

背景知识

地心引力

根据牛顿的万有引力定律，任何有质量的两个物体之间都有引力。

地球本身有相当大的质量，所以也会对地球周围的任何物体表现出引力。以一个杯子举例，地球会对杯子产生引力，杯子也会对地球产生引力。由于地球的质量太大了，对杯子的引力也就非常大，直观表现就是，地球把杯子吸引过去了。方向，就是向着地球中心，这个力就是地心引力。

重力并不等于地球对物体的引力。由于地球的自转，除了在两极的物体以外，地面上其他地方的物体，都随着地球一起围绕地轴做匀速圆周运动，这就需要有垂直指向地轴的向心力，这个向心力只能由地球对物体的引力来提供。我们可以把地球对物体的引力分解为两个分力：一个分力 F_1，方向指向地轴，大小等于物体绕地轴做匀速圆周运动所需的向心力；另一个分力 G 就是物体所受的地心引力。其中 $F_1 = m\omega^2 r$（m 为物体质量，ω 为地球自转角速度，r 为物体旋转半径），可见 F_1 的大小在两极为零，随纬度减少而增加，在赤道地区为最大。因物体绕地轴运动的向心力是很小的，所以在一般情况下，可以认为物体的重力大小就是地心引力的大小，即在一般情况下可以略去地球自转的影响。

第二篇　相对论的提出和发表

人类通向真正伟大境界的通道是一条苦难的道路。

——爱因斯坦

进入苏黎世联邦理工学院

“在这些山区中，居住着自由。”诗人席勒在诗中如此描述瑞士。阿尔伯特·爱因斯坦来到这个国家之后，初次感受到生活在自由的环境中十分舒畅。

不过最初，他很失望。德国的中学老师所写的那份证明，说明爱因斯坦在数学方面具有天赋，但他仍然无法直接进入苏黎世联邦理工学院就读。校方告诉他，他可以参加入学考试。

一连六个月，爱因斯坦发狂似的温习他在慕尼黑读书时所忽略的一些课程。由于他一直未曾在演说或背书方面表现出特殊的才能，因此，他的老师们都认为他很笨。其他老师也犯了相同的错误。当年，意大利最伟大的作曲家之一威尔第，曾为米兰音乐学校拒收，因为他“显得对音乐没有兴趣”。诺贝尔奖得主迈克尔逊当年在安纳波利斯的美国海军学院就读时，一位长官斥责他说：“只要你对这些科学事务少一点关注，多多用心学习海军炮术课程，也许有一天你会对国家有所贡献。”另一位举世闻名的科学家达尔文曾被爱丁堡大学开除，他们认为他是一个无可救药的失败者。

过去，几乎所有教过爱因斯坦的老师都说他是一个反应迟钝的学生，使他感到很泄气，对于自己并不特别感兴趣的功课也就不想学习了。所以，在这次入学考试中，他的数学及物理成绩相当好，但在动物学、植物学及语文方面则糟透了。幸好，苏黎世联邦理工学院的院长对爱因斯坦在数学方面的优异表现大为赞叹，开始对这位年轻的陌生人发生了兴趣。他建议爱因斯坦研习他考得不好的那些课程，并向他介绍了几所瑞士预备学校。

阿尔伯特·爱因斯坦虽然担心再度面临像德国学校那般令人痛恨的压抑生活，但却不得不在阿劳镇的一个学校里注册学籍。而后他发现这儿的学校并不像军营，不必出操，老师们亦诚心帮助学生们养成独立思考的习惯。任何学生都可向老师请求指导，或是讨论在功课上所遇到的各种问题，同时也还可以做物理及化学实验。这所学校的小型博物馆拥有各种标本及显微镜，使得研究生物学变成一件愉快的事，而不会令人感到厌烦。爱因斯坦在这所学校愉快地学习了一年，并获得一张文凭，使他得以进入苏黎世联邦理工学院。

在这所学校里，爱因斯坦再度感受到自由与友好的气氛，他高兴异常。他在众多同学当中结识了几位好朋友，他们之中有好多位都来自外国。他们谈到饥饿问题，以及受压制的民众缺乏教育等。爱因斯坦很同情地聆听着，心中梦想着有朝一日全世界的人都能摆脱苦难。他不再认为自己是一个德国人，他希望做一个世界公民。

这些外国学生当中，有许多人渴望在毕业之后立即回国，去教导他们那些不幸的同胞。他们都很努力学习，毕业证书固然重要，但仍比不上学习重要。做老师的怎么可能忽视如此狂热的学习情绪呢？一位几何学教授——海姆博士，他的讲课极为精彩，即使是最懒惰的学生也要抢着在清晨7点钟端坐在拥挤的教室里。爱因斯坦有时候忍不住在心里想，如果自己有朝一日成为一名教授，他的讲授是否能吸引学生们提早起床赶来听呢？

物理学研究最主要的要素是定量及定性。诚如爱因斯坦先前对他父亲所说的，他对数学的兴趣已经降低，因为数学本身只不过是他作定夺时所需的一件工具。牛顿虽然取得了巨大的科学成就，但当他繁忙、丰富的一生接近尾声时，他说："我就像是一个在海滩上玩耍的小孩子，现在才发现许多比我手中更漂亮的小圆石或贝壳，而真理就像无垠的大海展现在我面前，尚未予以探测。"爱因斯坦想要航向那片广阔的知识海洋。英国科学家牛顿留下了一两项神秘的问题，需要年轻一代的科学家去探究。爱因斯坦知道，人们的知识实在有限，如果一个人想要了解整个宇宙，他所要学习的东西实在太多了。

他现在不仅要应付指定的功课，而且还要自己研读大学图书馆中有关的书籍。起初，他独自一人研读，后来他连续几个晚上都和一位匈牙利女同学米列娃·玛利兹一起研读，并讨论科学问题。她比爱因斯坦大几岁，有着娇小的身材，表情严肃，动作敏捷。跟当时绝大多数的女学生一样，她的思想十分活跃，衣饰朴素，除了本身的功课之外，对什么都没有太大的兴趣。当时正好是女性解放运动兴起，这些女大学生们觉得她们必须证明自己值得接受刚刚加在她们身上的权利。

米列娃虽然很少说话，但她经常十分专注地聆听爱因斯坦诉说他在准备功课时涌现在脑海中的一些新想法，或是听他朗诵一些伟大的物理学家的作品。有时候她也会谈谈自己的抱负，她不希望把自己的一生葬送在旧时代女性所谓的“厨房、教堂及孩子”的三项“妇德”之中。她拥有不亚于男人的头脑及野心，相信自己总有一天会对科学界做出贡献。爱因斯坦完全同意她的说法，他非常敬佩她的智慧，并且发现她是一位令人满意的同伴。

爱因斯坦只要有多余的钱，就去听音乐演奏或观赏歌剧。但这种机会并不多，因为他没有很多闲钱。他父亲的生意很不顺利，甚至无法为他的儿子寄去一小笔零用钱。幸好，有位富有的亲戚自愿每个月资助爱因斯坦一百瑞士法郎，这笔钱足以应付他的生活费用了。但他每个月还要存下二十瑞士法郎。他希望

男子气十足的爱因斯坦

存下足够的钱，以便能够支付登记成为瑞士公民所需的费用。他喜爱这个国家和他的人民，打算从理工学院毕业之后，立即花掉他辛苦存下的钱，成为他们中的一分子。

有时候他想暂时放下功课轻松一下，觉得拉拉小提琴是不必花钱的最好方法，有时候他演奏巴赫的作品，但还是以莫扎特的作品为主，他对莫扎特的喜爱已经超过贝多芬。他经常说："莫扎特是如此完美，欣赏他作品的人根本不知道他是如何达到如此完美的境地的。"有时候爱因斯坦也自己作曲，以表达自己的思想及情绪。他回到意大利与家人度假时，母亲经常怪他没有把他所作的曲子记录下来。爱因斯坦只是哈哈大笑，然后走到他小时候经常倚靠的钢琴边，愉快地听他母亲弹奏。不时即兴作些迷人的小曲子——只弹奏一次，此后就永远不再出现。

和大学同学米列娃结婚

1900年秋天，经过在苏黎世联邦理工学院四年的研读之后，爱因斯坦拿到了他的文凭。这位二十一岁的大学毕业生很高兴他不必再依赖有钱亲戚的资助。他觉得艰苦的日子已经过去了。他对于必须穿着破旧的衣服以及吃些简陋的餐点永远不觉得伤心，因为他很少注意自己的衣食。他很高兴终于能从事他认为一定是他终生事业的工作——教书。

他希望当一名好教师，而不是一名教官。当上教师，他就可以避免在他一向害怕及痛恨的商业世界中挣扎及竞争。当一名教师，他将有多余的时间进行更进一步的物理学研究。他知道，当他写信告诉母亲说，她那位经常惹麻烦而愚笨的阿尔伯特终于成为一名教授时，她一定会十分骄傲且高兴的。

但是，他所希望踏上的路途却充满着阻碍。他最初希望在理工学院当一名教授的助手，以此开始他的教学生涯。他的许多老师曾称赞他的实验工作，有几位教授甚至答应替他在学院里找份工作，因为他在学院的成绩相当突出。不料，当爱因斯坦毕业之后，却没有人能够或是愿意帮助他，也许他曾经树立了某些敌人，这些人甚至阻止他接受最基础的工作。

他仍充满了希望，心想，也许可在一所较小的学校从事教学，很不幸的是，他还未取得瑞士公民资格。虽然他信仰一种全球性的宗教，并对他父母信奉的宗教失去了全部兴趣，但他仍然被认为是一名犹太人。在当时，瑞士可能是世界上最开放的国家，但是多数瑞士学校仍然不愿聘请一名既是犹太人又是外国人的生手。

一年后，爱因斯坦受聘在一家工技学校担任教师，任期只有一学期。许多学生的年纪都比他大，爱因斯坦敏感地觉察到他们对他的不满，因而感到尴尬和闷闷不乐。但他力求表现，决心要获得成功。于是当他任期结束时，已赢得了学生——甚至是最淘气的学生的尊敬。

接着他找到了一份私人教师的工作。他以前读大学时也曾做过家庭教师，他所教的两个小男孩可说是相当成功。他们住在由一位小学教师管理的宿舍里。这位教师后来发现，爱因斯坦由于对自身的工作极有兴趣，而且采用独特的教学方法，因此很快能取得良好的教学成果。

爱因斯坦此时已是瑞士公民，可以申请成为公务员了。他大学时代的一位朋友将他介绍给伯尔尼专利局局长。爱因斯坦在这方面虽然毫无经验，但经过漫长而严格的考试之后，他终于在专利局获得了一份工作。这是爱因斯坦一生中第一次获得的固定而高薪的工作。

他觉得，拥有一年三千法郎的薪水应该可以结婚了。于是他选择了老同学米列娃做他的太太，因为她一向能够了解他的理想。

爱因斯坦和米列娃

米列娃在大学时代虽然很欣赏他，但是，现在却发现自己很难胜任当一位选错行业且又满腹牢骚的梦想者的妻子。她现在已不再是一个学生，似乎对他关注的问题也失去了兴趣。

米列娃对他说："我知道你在专利局的工作很沉闷，但至少你是在使用你的头脑。偶尔你还可以找点时间稍微看些科学书籍，或写点什么，你仍然在学习及成长中。但是，我整天忙着缝衣、煮饭及洗洗刷刷，到了晚上已经累得疲惫不堪，甚至连打开一本科学杂志的力气也没有，以前所受的教育对我有什么用?"

不久，她的两个儿子——汉斯和爱德华相继出生，使得这位野心勃勃的年轻妇人更难以做她丈夫的智慧伴侣，于是他们两人开始疏远。米列娃虽然深爱着她的孩子，但一想到她为他们而牺牲了前途，心里就觉得无限酸楚。爱因斯坦总是自认为自己是一个独立而自主的人，但实际上仍然需要照顾。可是，米列娃既没有时间也没有情绪去照顾他。

背景知识

米列娃·爱因斯坦

米列娃出生在塞尔维亚的一个富裕家庭。她从小聪明好学，高中毕业后，父母将她送到瑞士的一所女子学校深造。19 世纪末，女大学生堪称凤毛麟角。后来，她转学到苏黎世，因为在别的地方，女学生不能参加考试。

刚到苏黎世时，她报名学医，但随即就改变了主意，改学物理学和数学。当时，她与爱因斯坦是同班同学。

与爱因斯坦相爱后，两人形影不离，一道学习，一道讨论科学问题。1901 年，爱因斯坦在写给她的信中说："如果要把相对运动课题做成功，只有你能帮助我。我是多么幸福和自豪！"

不顾家庭的反对，爱因斯坦与米列娃于 1903 年正式结婚。当时，爱因斯坦在专利局工作，职位是三级技术专家。同年，爱因斯坦开始写博士论文时说："我需要我的妻子，她能为我解开数学上的难题。"

对米列娃来说，放弃个人事业完全是为了婚姻和爱情。她是如何从失去女儿的痛苦中解脱出来的，迄今无人知晓。婚后，她把心思完全放在了丈夫身上，尽一切努力帮助爱因斯坦。她包揽了全部家务活，为了挣钱补贴家用，她还办了一个大学生家庭旅店。

1904 年，他们的儿子出世，取名汉斯·阿尔伯特·爱因斯坦。1905 年是爱因斯坦的收获之年，他在这一年发表了四篇引起自然科学革命的论文。米列娃骄傲地告诉女朋友："我们完成了一项重要的工作，它能让我丈夫一举成名！"1909 年，爱因斯坦在苏黎世获得教授职位。1910 年，他们的第二个儿子出世，但这个小家伙和他的姐姐一样命运不济，一生患有精神疾病。1914 年，米列娃阻止爱因斯坦前往柏林到普鲁士皇家科学院工作。1916 年，爱因斯坦写信给米列娃要求离婚。1919 年，米列娃同意离婚，而爱因斯坦则主动而自信地提出承诺：把将要获得的诺贝尔奖奖金全部留给米列娃。

汉斯（右）和他的母亲米列娃（中）及弟弟的照片

一切人世间的幸福皆离米列娃而去。为了给小儿子爱德华治病，她几乎花光了全部积蓄，后来，只能靠教钢琴维持生计。20 世纪 30 年代，她的大儿子携妻子和孩子去了美国，米列娃一直留在瑞士，照顾自己生病的小儿子，几乎过着隐居的生活。

1948 年，这位坚强的女性在苏黎世的一家医院与世长辞。

爱因斯坦是位尽职的好父亲，当他推着婴儿车走到街上晒太阳时，心中早已计划要送他们上大学了。每天晚上他总会帮孩子们用他们的彩色积木建造城堡和桥梁。汉斯上学后，做父亲的爱因斯坦喜欢出些问题考他，以锻炼他的头脑。爱因斯坦在心里想道：他是位聪明的小伙子，也许他长大之后不会像自己这样没出息！

两个儿子中，是否有人继承他对音乐的爱好？爱因斯坦不禁在心里琢磨着，并回想起当年自己不愿就寝，偷偷坐在楼梯上聆听母亲弹奏乐曲的情景。而现在，在自己的小提琴乐声中，孩子们仍能安然入睡。

爱因斯坦铜雕

“儿子们必须学习钢琴。”他告诉米列娃，“不久，我们就可举行属于自己的家庭音乐会了。”

爱因斯坦家里的客人中，通常都有几位研究生，他们往往一面吃着米列娃准备的简单点心，一面讨论着科学问题，往往讨论得很激烈而且声音很大。有一次，半夜以后，突然有一位邻居跑来敲门。邻居愤怒地说他并不是一位学者，受不了他们这种无聊的争论。邻居又说：“既然你们互相都不认同对方，大家何不各自回家，让我们好好睡上一觉？”

爱因斯坦把自己在专利局的工作戏称为“鞋匠的工作”，日复一日，每天所做的都是相同的工作，使他少有机会运用自己的知识及才能。任何发明家若想获得对他某项发明产品的专利保护，就必须把那项发明产品的完整说明提交给专利局，爱因斯坦的工作就是把这些说明以最简短而清晰的表述方式加以改写。虽然，爱因斯坦当时并没意识到，但事实上，当时在专利局所学到的后来对他确实有极大的益处。因为他在专利局学会了如何从桌上的每一件发明的说明书中摘取重点。这项训练后来变得十分有价值，尤其是在他提出新的科学发现时，更为有用。

他告诉自己，他的终身工作不是教书，他承认自己在那方面是个失败者，但是，如果他从事实验室助手的工作，所赚的钱怎能维持生活呢？他在专利局的工作至少可以维持他的小家庭，何不因此感到满足，而把成为一名物理学家的梦想放弃呢？

但是，每天检查这么多的发明，却引起了爱因斯坦对发明的兴趣。他制作了一些供实验室使用的新仪器，例如一种可以测量微量电流的仪器。有时候，他会把桌上的报告推开，从抽屉中取出一张写满他自己计算的数字的纸张。这些数字和专利毫无关系，只是想要证明经常萦绕在他脑海中的一项想法而已。当他在专利局工作时，或是推着婴儿车走在街上时，甚至是在家庭音乐会中聆听朋友的演奏时，爱因斯坦经常在思索新的问题以及如何解决这些问题。

在这段时期，他为一份科学杂志《物理学年报》写了四篇论文。其中一篇是他的毕业论文。爱因斯坦已在苏黎世大学完成研究工作，并得到他的物理学博士学位。即使这位二十六岁的专利局职员以后再也不写任何东西，这四篇科学论文已足以树立他的名声。到了1905年，他写了第五篇论文，这篇论文一经发表，使得全世界每一位物理学家都把眼光投向了位于瑞士的伯尔尼专利局。

背景知识

爱因斯坦四篇划时代的论文

爱因斯坦在1905年共发表了四篇划时代的论文，分别为：《关于光的产生和转化的一个启发性观点》《根据分子运动论研究静止液体中悬浮微粒的运动》《论运动物体的电动力学》《物体惯性与其所含能量有关吗?》，随后他又提出了 $E=mc^2$ 的公式。因此这一年被称为“爱因斯坦奇迹年”。一百年后的2005年也因此被定为“世界物理年”。

1905年3月发表的《关于光的产生和转化的一个启发性观点》中，爱因斯坦提出，光是由分离的粒子组成。爱因斯坦解释，光也是由小的能量粒子（量子）组成的，并且量子可以像单个的粒子那样运动。“光量子”理论把1900年普朗克创立的量子论大大推进一步，对早已成为定论的光的波动理论提出有力挑战，揭示了微观世界的基本特征：波粒二象性。

1905年4月，一场在咖啡馆里的讨论促使爱因斯坦写出一篇论文，论证可以根据糖在液体中的扩散速度来计算糖分子的大小，这就是《根据分子运动论研究静止液体中悬浮微粒的运动》。

1905年6月30日，在德国《物理学年鉴》上发表的《论运动物体的电动力学》一文，首次提出了狭义相对论基本原理。论文中提出了两个原理：“光速不变”，以及“相对性原理”。

1905年9月27日，德国《物理学报》刊出《物体惯性与其所含能量有关吗?》，文章认为“物体的质量可以度量其能量”，在其中，爱因斯坦提出了 $E = mc^2$ 的公式。

苏黎世大学

瑞士苏黎世大学成立于1833年，是瑞士最大的综合性大学，是一座在国际上享有盛誉的教育和科研中心。它共设有七个系：神学系、法律系、经济学系、医学系、兽医学系、哲学系、数学与自然科学系。其商管类研究生课程闻名于世，与维也纳经济管理大学共称欧洲之首。苏黎世大学在分子生物学、大脑研究和人类学等领域具有开拓性的研究实力。其大学医学院和兽医学院，也具有一流的设施和技术。第一届诺贝尔物理学奖得主从这里走出，X射线的发现者伦琴是苏黎世大学的高

19世纪末的苏黎世大学

材生。

苏黎世大学是瑞士规模最大、课程范围最广的大学，虽然创建于1833年，但它的历史却可以追溯到1525年甚至新教改革家乌尔里希·茨温利的时代。《大不列颠百科全书》就把它的建校时间定为1523年。

1833年成立的苏黎世大学是欧洲第一个由民主国家而不是由封建君王或教会创办的大学。第一年注册的学生中有神学系16人、法学系26人、医学系98人、哲学系21人，有26位教授和29位讲师。当时的创建人雄心勃勃，梦想着有一天这所州级大学能成为瑞士联邦大学。

但这一点不影响它最终成为一所综合性大学。苏黎世大学的精神之父、后来的古典哲学教授约翰·卡斯帕·冯奥雷利在给友人的信中写道：必须建一所苏黎世大学，而且必须让它，只能让它成为瑞士大学。

1855年，享誉世界的苏黎世联邦理工学院成立。此后它与苏黎世大学一直在一个校园。教员也由苏黎世大学提供。1859年，哲学院分为文科系（设哲学、语言、历史等科）和数学与自然科学系。1883年建校五十周年时，该校已经有学生463人，教师91人，其中教授37人。1901年，苏黎世大学成立兽医学院。1905年，学生首次突破1000人。1908年，苏黎世州与瑞士联邦政府签订协议，将苏黎世大学和苏黎世联邦理工学院合并。1914年苏黎世大学迁至今天的所在地。

1933年百年校庆，苏黎世大学学生达到2033名。

相对论的发表

一位满头黑色卷发、两眼深陷的年轻人，站在编辑台前。

“我又写了一篇论文，准备交给贵社发表。”他说。

“哦，爱因斯坦博士，我已经收到好几封讨论你那四篇论文的信件，有些评论对你的研究十分恭维，有的可就相当不客气了。你今天带来的是什么论文?”

这位专利局的职员从他发皱的公文包里拿出一叠东西。编辑迅速翻阅了这叠写得密密麻麻的稿纸。

“嗯，共有三十页。”

“印出来的话，会较短一点。”爱因斯坦向他保证。

“我现在所编的这一期，版面已经相当挤了。”

爱因斯坦脸上微微一红：“如果能够挪出一点篇幅来，我希望把这篇论文刊登出来，我相信读者们一定会对这篇文章深感兴趣的。”

“我来瞧瞧!”这位编辑先生喃喃说道。他首先看看标题，《论运动物体的电动力学》。

在这篇对世界产生深远影响的论文中，爱因斯坦首次提出了一种崭新的时空理论——狭义相对论。

论文发表后，立即引起了全世界物理学家的注意。有许多科学家对“相对论”写过研究报告，有的提出很有见地的见解，有的却显得极其愚蠢。在纽约的公立图书馆中，有五百多册有关相对论的书籍及小册子，不是攻击爱因斯坦的理论，就是为他辩护。最初，有一种流传甚广的说法：在整个世界上只有十几个人真正理解爱因斯坦的相对论！

爱因斯坦第一次在美国就相对论发表演讲时，随口说了一句：“这个理论十分简单。”挤满整个大厅的听众爆笑不已，令爱因斯坦大吃一惊。他并不是有意以一句玩笑话来冲淡别人对他的注意。他认为，他所解释的一切，对于那些了解他用以解释这项理论的数学符号的人来说，实在是相当简单的。他当时没有想到，数学有它自己的语言，而只有懂得数学语言的人，才能了解他的理论。

有意思的是，一项显然已经失败的实验，却为爱因斯坦提供了这项理论的线索。在1905年他发表这项理论后，许多人称赞他是人类有史以来最伟大的科学家。

在1887年，当爱因斯坦还是慕尼黑一位闷闷不乐且未获得赏识的学生时，两个美国教授——迈克尔逊和莫雷正在研究一个奇妙的问题。所有的科学家都知道地球环绕太阳转动的速度，但这两位科学家则试图找出地球在太空中前进的速度。

一个移动的物体在碰到阻碍时，速度就会放慢。如果你要求一位游泳选手逆着河流往上游，而让他的对手顺流而下，那么他必定会拒绝参加这种比赛。当迈克尔逊和莫雷从不同方向测量光的速度时，他们感到很困惑。

莫雷教授是化学家。迈克尔逊是一位实验物理学家，他不断发明奇妙又精巧的仪器，以帮助他探测大自然的真相。

为了测出光速在不同参照系中的差值，这两位科学家设计了一套精密的仪器。这套仪器的原理是：一束入射光经过分光镜分为两束后各自被对应的平面镜反射回来，因为这两束光频率相同、振动方向相同且相位差恒定，所以能够发生干涉。该仪器称为“迈克尔逊干涉仪”。在该实验中，科学家对经迈克尔逊干涉仪分光的两束直光的干涉条纹的移动情况进行观测。

结果发现，在不同季节、不同地理条件下，干涉条纹都未发生移动。即，不论地球运动的方向同光的射入方向一致或相反或是其他任何角度，测出的光速都是相同的。地球同设想的“以太”之间没有相对运动。

两位科学家不禁疑惑，难道他们的实验有什么错误的地方？为什么两道光束到达镜子的时间总是一样？难道空气中没有人们在河流中逆流而上时所遭遇的那种“逆流”吗？难道地球在太空中移动时，“以太流”并未对光线形成阻碍？

背景知识

以 太

以太（Ether）是一个古老的名词，它的含义也随着历史的发展而发展。

在古希腊，以太指的是青天或上层大气。在宇宙学中，有时又用以太来表示占据天体空间的物质。17世纪的笛卡尔是一个对科学思想的发展有重大影响的哲学家，他最先将以太引入科学，并赋予它某种力学性质。

在笛卡尔看来，物体之间的所有作用力都必须通过某种中间媒介物质来传递，不存在任何超距作用。因此，空间不可能是空无所有的，它被以太这种媒介物质所充满。以太虽然不能为人的感官所感觉，但却能传递力的作用，如磁力、月球对潮汐的作用力。

后来，以太又在很大程度上作为光波的媒介同光的波动学说相联系。由于光可以在真空中传播，因此惠更斯提出，荷载光波的媒介物质（以太）应该充满包括真空在内的全部空间，并能渗透到通常的物质之中。除了作为光波的媒介以外，惠更斯也用以太来说明引力的现象。

但到了20世纪初，爱因斯坦则大胆抛弃了以太学说，认为光速不变是基本的原理，并以此为出发点之一创立了狭义相对论。虽然后来的事实证明确实不存在以太，不过以太假说仍然在我们的生活中留下了痕迹，如以太网等。

这样看来，机械的以太论虽然死亡了，但以太概念的某些精神（不存在超距作用，不存在绝对空虚意义上的真空）仍然活着，并具有旺盛的生命力。

著名物理学家伽利略（1564—1642）

这两位科学家确定，伽利略已在很久以前证明了地球确实在太空中移动，因此他们试了一遍又一遍，企图找出他们所实验的两种情况的光束速度存在差异，但一直无法发现这两种光速的差别。迈克尔逊和莫雷最后终于感到沮丧了。既然已经证实地球是运动的，为什么他们的实验却指出地球是静止的？这种发现相当新鲜，却又令人感到困惑。

这个问题不仅困扰迈克尔逊和莫雷，也令当时的一些杰出物理学家大惑不解，爱因斯坦在他的论文中回答了这个问题。这两位美国教授并未失败，他们在十八年前即已正确地测出光的速度。因为，爱因斯坦现在已经证明，光的速度在不同参照物中都是相同的；还有，光速是唯一的定值，不管在何种情况下测量，都是一样的。

但是，为什么光在空中移动时不会遭遇任何阻碍？爱因斯坦解释说，这是因为，任何实验都不可能测出宇宙中的绝对移动。牛顿说过，在遭遇外来的力量之前，每一种物体都维持着其原来的状态，不是静止，就是处于它自己独特的运动状态中。爱因斯坦现在则宣称，在地球或整个宇宙中的任何地点里，没有一样东西是静止的。他指出，每一样东西都是在运动中的——从原子到星星，每样东西都是运动的。

爱因斯坦继续表示，在这样的一个宇宙中，一切都在运动，没有任何东西是静止的，因此，每一样东西和它接受观察时的环境都是相对的。

相对论的学说，对当时世界来说，是绝对新奇的学说。大象跟老鼠比较起来，无疑是庞大的，如果把大象放在摩天大楼旁边，就显得出奇地渺小了。这是体积上的“相对”。当一个人按下电梯的按钮“上”或“下”时，他就会感受到位置的“相对”了。

在此之前，科学家们一直认为，物理世界中的某些事实是“绝对的”，在任何环境下都不会改变。物理学家测量长度、重量和速度。当然，他们的量尺、体重计及时钟，给了他们正确的答案。爱因斯坦的理论引起了全世界的震惊，因为他使看似绝对的物理科学现象成为相对的事实。他对我们所居住的世界提出一项崭新的理论。爱因斯坦因此赢得了令人震惊的声誉，而且他的一项又一项理论在其他科学家的实验室获得证实，更提升了他的名望。

有关相对论，人们最熟悉的一个例子，就是移动的物体。当一个人坐在疾驰的火车上，座位和乘客显然是相对静止的，而树木和电线杆却从车窗外呼啸而过。一位站在铁轨附近的农村男孩，却只看到火车呼啸而过，而树木和电线杆则静止不动。在这列火车以 96 千米的时速运动时，地球正以每秒 29.7 千米的速度绕着太阳旋转。与此同时，地球、太阳和整个太阳系一起朝着一颗遥远星球的方向前进。

如果一个人能够站在太阳上，并用望远镜眺望，他将会看到地球和火车在移动。另一个观察者如站在离太阳系最近的某一个星球上，由于两者的距离极远，光需要四年的时间才能到达地球，那么，这位观察者要在四年后才能看到太阳、地球及运动中的火车正一起在太空中移动。而火车、地球及太阳的运动，都是和观察者的位置相对的。

但是，如果空间中的移动是相对的，那么，时间的相对性呢？

在爱因斯坦提出他的学说之前，牛顿和其他科学家指出，时间是绝对的，整个世界都在变化，但时间却是持续不变的。他们同时认为，空间是向四面八方延伸的，并无止境。

爱因斯坦打破了牛顿理论的传统，为我们提出了一种关于时间和空间的新看法。

他认为每个物体都有长、宽、高三个维度，同时由于每件事物实际上都是在运动及变化的，因此，这个世界实际上存在于三维空间另外加上一个第四维度组成的四维空间中。

爱因斯坦认为，时间就是这个所谓的第四维度。

从纽约到旧金山，以前，一辆篷车必须花上一个月的时间经过河流、草原及高山，才能来到太平洋沿岸的荒凉垦殖区；但现在一架飞机不到十小时就可以完成这段旅程。

在爱因斯坦的宇宙观中，不管是时间或空间，都不会以一种固定不变的方式永远持续下去。两者将随着观察者的位置和速度发生相对性的改变。

那么，爱因斯坦又如何说明时间的运行呢？

我们是根据地球本身自转的演进来计算日子，以地球环绕太阳公转的时间来计算一年的时间。由于木星环绕太阳一周的时间比地球长，因此，木星上的一年比地球上的一年长。

如果我们能克服一切不可能的因素，而以光速去旅行，那么将没有时间的存在——每件事情都可能立即发生。在我们接近不可思议的光速时，不仅我们的手表将慢下来，就是我们的脉搏也将变得缓慢。即使是在原子内部运转的电子也会越来越慢。如果我们的速度能超过光速，那么我们实际上将在时间上后退，这种情况就如同那首著名的五行滑稽诗描写的那样：

有位年轻的女郎名叫光明，
她的速度更快于光。
她有一天出发，

在相对论的方法下，
回到家时却是前天晚上。

爱因斯坦在他有关相对论的第一篇论文中，还提出了另一项十分重要的理论：一个物体的质量与这个物体运动的速度有关。当物体运动得越来越快时，它的质量也就越来越大。没有人曾经测量过质量在这方面增加的情况，因为这种变化是极其微小的，无法以任何普通的速度来加以计算。因此，在 1905 年时，科学家们并不知道爱因斯坦的理论是正确还是错误。但是，在之后的几年当中，他们掌握了如何测量微小的电子质量，同时也掌握了如何加快电子的运转速度，使它们的速度能达到 1.497×10^8 米/秒，也就是光速的一半。这时，实验室中的科学家们方才发现，爱因斯坦的预测是正确的。

在此之前，人们认为，物质和能量是完全不同的东西。物质是固体的，像是一块岩石；而能量则与一个物体移动的速度或是功率有关。爱因斯坦则指出，物质和能量实际上有十分密切的关系。以一半光速运转的电子拥有相当惊人的能量，因为它移动得如此迅速，使它的质量大为增加，也就是说，能量变成了质量。

相反，物质也可以转变成能量，爱因斯坦实际上已能算出隐藏在任何一块物质中的能量。他那个著名的公式，也是我们在本书中提到的为数不多的公式之一：$E = mc^2$。

分开来解释，它的意义如下：

E 表示能量（每一物质的质粒中的能量）

m 表示质量（或是物质的重量）

c 表示光速

2 表示数字自乘一次平方（例如，5 的平方等于 25）

因此，$E = mc^2$ 的整个意思就是说，每个物质中的能量等于物质的质量乘以光速的平方。

光速是 3×10^8 米/秒，把这个数字自乘一次，你就可以知道从一小块物质中可以获得何等惊人的能量。仅仅是一克的物质，如果能将它转变成能量，则其能量等于大约 2.5×10^7 千瓦时的电力。

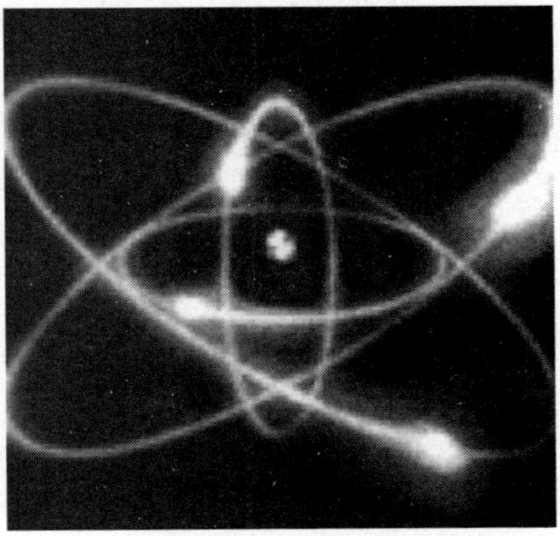

原子结构示意图

科学家们把这个公式应用在一项令人震惊的领域。

这个公式解释了太阳的秘密。太阳为什么能够连续发出光与热达几十亿年，而不会像一块煤炭般被烧成一团灰。以爱因斯坦学说为研究依据的科学家们，把这项公式应用在研究太阳内部的原子上。这些原子存在于几百万度的高温中。在这种情况下，部分原子仍不断地把它们的质量转变成能量。

科学家们更进一步地研究原子能的其他功用，他们学会了如何把铀原子转变成能量，并由此制造了原子弹。这项成果震惊了全世界，而那时距第一篇有关相对论的论文发表已有四十年之久了。

原子弹爆炸

背景知识

相对论

相对论是关于时空和引力的基本理论，主要由爱因斯坦创立，分为狭义相对论（特殊相对论）和广义相对论（一般相对论）。相对论的基本假设是相对性原理，即物理定律与参照系的选择无关。狭义相对论和广义相对论的区别是，前者讨论的是匀速直线运动的参照系（惯系参照系）之间的物理定律，后者则推广到具有加速度的参照系中（非惯性系），并在等效原理的假设下，广泛应用于引力场中。相对论和量子力学是现代物理学的两大基本支柱。奠定了经典物理学基础的经典力学，不适用于高速运动的物体和微观领域。相对论解决了高速运动问题，量子力学解决了微观亚原子条件下的问题。相对论颠覆了人类对宇宙和自然的“常识性”观念，提出了“时间和空间的相对性”“四维时空”“弯曲空间”等全新的概念。

狭义相对论最著名的推论是质能公式，它可以用来计算核反应过程中所释放的能量，并导致了原子弹的诞生。而广义相对论所预言的引力透镜和黑洞，也相继被天文观测所证实。

1905 年，刚刚得到博士学位的爱因斯坦发表了一篇题为《论运动物体的电动力学》的文章，引发了 20 世纪物理学的一场革命。文章研究的是物体的运动对光学现象的影响，这是当时经典物理学面对的另一个难题。

19 世纪中叶，麦克斯韦建立了电磁场理论，并预言了以光速 c 传播的电磁波的存在。到 19 世纪末，实验完全证实了麦克斯韦理论。电磁波是什么？它的传播速度 c 是对谁而言的呢？当时流行的看法是整个宇宙空间充满一种特殊物质叫“以太”，电磁波是以太振动的传播。但人们发现，这是一个充满矛盾的理论。如果认为地球是在一个静止的以太中运动，那么根据速度叠加原理，在地球上沿不同方向传播的光的速度必定不一样，但是实验否定了这个结论。如果认为以太被地球带着走，又明显与天文学上的一些观测结果不符。

1887 年，迈克尔逊利用光的干涉现象进行了非常精确的测量，仍没有发现地球有相对于以太的任何运动。对此，洛仑兹提出了一个假设，认为一切在以太中运动的物体都要沿运动方向收缩。由此他证明了，即使地球相对以太有运动，迈克尔逊也不可能发现它。爱因斯坦从完全不同的思路研究了这一问题。他指出，只要摒弃牛顿所确立的绝对空间和绝对时间的概念，一切困难都可以解决，根本不需要什么以太。

爱因斯坦提出了两个基本原理作为讨论运动物体光学现象的基础。第一个叫相对性原理。它是说：如果坐标系K′相对于坐标系K做匀速运动而没有转动，则相对于这两个坐标系所做的任何物理实验，都不可能区分哪个是坐标系K，哪个是坐标系K′。第二个原理叫光速不变原理，它是说光（在真空中）的速度c是恒定的，它不依赖于发光物体的运动速度。

从表面上看，光速不变似乎与相对性原理冲突。因为按照经典力学速度的合成法则，对于K′和K这两个做相对匀速运动的坐标系，光速应该不一样。爱因斯坦认为，要承认这两个原理没有抵触，就必须重新分析时间与空间的物理概念。

经典力学中的速度合成法则实际依赖于如下两个假设：

1. 两个事件发生的时间间隔与测量时间所用的钟的运动状态没有关系；

2. 两点的空间距离与测量距离所用的尺的运动状态无关。

爱因斯坦发现，如果承认光速不变原理与相对性原理是相容的，那么这两条假设都必须摒弃。这时，对一个钟是同时发生的事件，对另一个钟不一定是同时的，同时性有了相对性。在两个有相对运动的坐标系中，测量两个特定点之间的距离得到的数值不再相等，距离也有了相对性。

如果设K坐标系中一个事件可以用三个空间坐标x、y、z和一个时间坐标t来确定，而K′坐标系中同一个事件由x′、y′、z′和t′来确定，爱因斯坦则发现，x′、y′、z′和t′可以通过一组方程由x、y、z和t求出来。两个坐标系的相对运动速度和光速c是方程的唯一参数。这个方程最早是由洛仑兹得到的，所以称为“洛仑兹变换”。

利用洛仑兹变换很容易证明，钟会因为运动而变慢，尺在运动时要比静止时短，速度的相加满足一个新的法则。相对性原理也被表达为一个明确的数学条件，即在洛仑兹变换下，带撇的空时变量 x'、y'、z'、t'将代替空时变量 x、y、z、t，而任何自然定律的表达式仍取与原来完全相同的形式。人们称之为普遍的自然定律对于洛仑兹变换是协变的。这一点在我们探索普遍的自然定律方面具有非常重要的作用。

此外，在经典物理学中，时间是绝对的。它一直充当着不同于三个空间坐标的独立角色。爱因斯坦的相对论把时间与空间联系起来了，认为物理的现实世界是各个事件组成的，每个事件由四个维度来描述。这四个维度就是它的时空坐标 t 和 x、y、z，它们构成一个四维的连续空间，通常称为“闵可夫斯基四维空间”。在相对论中，用四维方式来考察物理的现实世界是很自然的。

狭义相对论推导出的另一个重要成果是关于质量和能量的关系。在爱因斯坦以前，物理学家一直认为质量和能量是截然不同的，它们是分别守恒的量。爱因斯坦发现，在相对论中质量与能量密不可分，两个守恒定律结合为一个定律。他给出了一个著名的质量－能量公式：$E=mc^2$，其中 c 为光速。于是质量可以看成是能量的量度。计算表明，微小的质量蕴涵着巨大的能量。这个奇妙的公式为人类获取巨大的能量、制造原子弹和氢弹以及利用原子能发电等奠定了理论基础。

对爱因斯坦引入的这些全新的概念，大部分物理学家，其中包括相对论变换关系的奠基人洛仑兹，都觉得难以接受。旧的思想方法的障碍，使这一新的物理理论直到一代人之后才为广大物理学家所认可。就连瑞典皇家科学院在1922年把诺贝尔奖授予爱因斯坦时，也只是说“由于他对理论物理学的贡献，更由于他发现了光电效应的定律”，对于相对论只字未提。

在狭义相对论的创建中，马赫和休谟的哲学对爱因斯坦影响很大。马赫认为，时间和空间的量度与物质运动有关，时空的观念是通过经验形成的，绝对时空无论依据什么经验也不能把握。休谟更具体地说：“空间或广延的概念不是别的，而是按一定次序分布的可见的或可感知的点的观念。”他还说：“如果我们没有用可察觉的对象充满空间，我们就不会有任何真实的空间观念。”休谟认为，时间总是由能够变化的对象的可觉察的变化而被发现的。1905年爱因斯坦指出，迈克尔逊－莫雷实验实际上说明关于“以太”的整个概念是多余的，光速是不变的。而牛顿的绝对时空观念是错误的，不存在绝对静止的参照物，时间测量也是随参照系不同而不同的。他用光速不变和相对性原理提出了洛仑兹变换，创立了狭义相对论。

狭义相对论是建立在四维时空观上的一个理论，因此要弄清相对论的内容，要先对相对论的时空观有个大体了解。在数学上有各种多维空间，但目前为止，我们认识的物理世界只是四维，即三维空间加一维时间。现代微观物理学提到的高维空间是另一层意思，只有数学意义，在此不做讨论。

爱因斯坦于1915年进一步提出了广义相对论。狭义相对性原理还仅限于两个做相对匀速运动的坐标系，而在广义相对性原理中匀速运动这个限制被取消了。他引入了一个等效原理，认为我们不可能区分引力效应和非匀速运动，即非匀速运动和引力是等效的。他进而分析了光线在靠近一个行星附近时会受到引力而弯折的现象，认为引力的概念本身完全不必要，可以认为行星的质量使它附近的空间变成弯曲，光线走的是最短程线。基于这些讨论，爱因斯坦导出了一组方程，它们可以确定由物质的存在而产生的弯曲空间几何形态。利用这个方程，爱因斯坦计算了水星近日点的位移量，与实验观测值完全一致，解决了一个长期解释不了的困难问题，这使爱因斯坦激动不已。他在写给埃伦菲斯特的信中这样写道："方程给出了近日点的正确数值，你可以想象我有多高兴！有好几天，我高兴得不知怎样才好。"

1915 年 11 月 25 日，爱因斯坦把题为《万有引力方程》的论文提交给了柏林的普鲁士皇家科学院，完整地论述了广义相对论。在这篇文章中他不仅解释了天文观测中发现的水星轨道近日点移动之谜，而且还预言，星光经过太阳会发生偏折，偏折角度相当于牛顿理论所预言的数值的两倍。第一次世界大战延误了对这个数值的测定。1919 年 5 月 25 日的日全食给人们提供了大战后的第一次观测机会。英国人爱丁顿奔赴非洲西海岸的普林西比岛进行了这一观测。11 月 6 日，汤姆逊在英国皇家学会和皇家天文学会联席会议上郑重宣布：得到证实的是爱因斯坦而不是牛顿所预言的结果。他称赞道："这是人类思想史上最伟大的成就之一。爱因斯坦发现的不是一个小岛，而是整整一个科学思想的新大陆。"《泰晤士报》以"科学上的革命"为题，对这一重大事件做了报道。消息传遍全世界，爱因斯坦成了举世瞩目的名人。广义相对论也被提高到神话般受人敬仰的程度。

从那时起，人们对广义相对论的实验检验表现出越来越浓厚的兴趣。但由于太阳系内部引力场非常弱，引力效应本身就非常小，广义相对论的理论结果与牛顿引力理论的偏离很小，观测非常困难。20世纪70年代以来，由于射电天文学的发展，人们进行宇宙观测的范围远远突破了太阳系，观测的精度随之大大提高。1974年9月，麻省理工学院的泰勒和他的学生赫尔斯，用305米口径的大型射电望远镜进行观测时，发现了脉冲双星。它是一个中子星和它的伴星在引力作用下相互绕行的系统，周期只有0.323天，它表面的引力比太阳表面强十万倍，是地球上甚至太阳系内不可能获得的检验引力理论的实验室。经过长达十余年的观测，他们得到了与广义相对论的预言非常符合的结果。由于这一重大贡献，泰勒和赫尔斯获得了1993年诺贝尔物理学奖。

相对论中，时间与空间构成了一个不可分割的整体——四维时空，能量与动量也构成了一个不可分割的整体——四维动量。这说明自然界一些看似毫不相干的量之间可能存在深刻的联系。在今后论及广义相对论时我们还会看到，时空与能量-动量四矢之间也存在着深刻的联系。

五年的教授生涯

阿尔伯特·爱因斯坦在发表了他第一篇相对论论文之后的几年当中，曾安家在三个文化迥异的城市：瑞士的苏黎世、捷克的布拉格（当时仍在强大的奥匈帝国统治之下）以及德国的柏林。在五年当中，爱因斯坦担任了四项学术性的职位，每一项工作都比前一项更重要。

在他的相对论论文发表之后，爱因斯坦博士继续在伯尔尼的专利局工作了一段时间。指导爱因斯坦研究而使他获得博士学位的苏黎世大学的克雷勒教授，对于他这位杰出学生的研究工作深感兴趣。他坚持说，这位年轻人应该放弃他在专利局的那些不重要的工作。克雷勒教授宣称，爱因斯坦所发表的论文当然可以使他在大学里获得一个教书的工作。

但是，根据大学规定，研究生在成为教授之前，必须先担任讲师。讲师的薪水则来自前来听课的学生们所付的学费。由于参加听课是自愿性的，听课学生人数的多寡往往取决于讲师的名气。只有极少数的大学生听说过爱因斯坦。因为他的研究工作在当时只有顶尖的物理学家们才能够讨论得了。

所以，刚开始经常去听课的只有两个人，而且这两个人都是他的老朋友。爱因斯坦对讲课实际上并没有太大的兴趣。他把讲课当作是一项展览。他经常说，讲课像是“在马戏团里表演”。

有一天，克雷勒教授前去听课。也许爱因斯坦在他的老师面前感到有点不自在，也许他凑巧在当天没有充分准备，克雷勒教授严厉地对他说，他的课讲得并不好。克雷勒教授表示，他怀疑是否应该推荐爱因斯坦担任物理系的教授。爱因斯坦回答说：“我并不要求在苏黎世被任命为教授。”他的兴趣主要在于研究工作，而不在于成为教授后所获得的高薪及荣誉。

佛来里契·亚德勒是爱因斯坦在苏黎世联邦理工学院时最

亲密的朋友之一，此时他是苏黎世大学的副教授。亚德勒不愿和他的老朋友竞争，当他听说自己已被提名为教授时，他立刻向大学董事会提出申请，但不是为自己而是为他的老朋友说好话。亚德勒说：“如果我们的学校不能聘请到像爱因斯坦这样的人才的话，那么，请我担任教授则未免太可笑了。因为，我的能力根本比不上爱因斯坦。”

因此，在1909年，爱因斯坦获得了副教授的职位。他写信告诉母亲，他终于获得了她在多年以前梦想他拥有的荣誉。

“荣誉倒不少，但薪水就是没有增加，你现在所赚的钱比在专利局时还少。”米列娃抱怨道。

爱因斯坦提醒她：“但是，我们在生活上总还过得去。”

米列娃不愿斥责他，也不愿去争辩。他沉浸在对宇宙真相的探索中，因此不曾注意到她被迫在很多地方省吃俭用，才能使收支平衡。

“从现在起，生活要更加困难了！”米列娃忧愁地说，“当你还在专利局当一名小职员时，我们的朋友大多数是跟我们一样穷的研究生，因此也不必装阔。但现在你已经是一位教授，应该穿得如同其他教授那般讲究，而且我还必须举行晚间宴会，招待他们的太太。”

“我们可以想办法来应付这些新的开支。”爱因斯坦以惯常的乐观态度回答说。

“你的意思是说，我可以想法子？”米列娃嘲笑他。

她实在是十分担心，而且尽力四处张罗。很快，她就实现了使收入增加，因为她招了几个学生住在家里。

“这个办法真是太好了！”爱因斯坦高兴异常，“现在我可以跟这几个学生一起吃晚餐，并且像老朋友似地和他们聊天，而不是像教授对学生说话。他们也会开开玩笑，向我提出问题，并且前来向我请教。”

他很讨厌繁文缛节，在学生时代就是如此。学生们很喜欢他，因为他从不要求他们尊敬他。爱因斯坦十分推崇人与人的平等对话，因此对较资深的教授也是同样自然而亲切。虽然爱因斯坦因此结交了许多朋友，但像他这样不拘小节、我行我素的人，免不了会在无意间得罪某些人。

爱因斯坦在苏黎世的生活过得相当愉快，直到布拉格的德意志大学请他担任教授，他才于 1910 年离开瑞士。倒并不是薪水多才使他动心，因为他非常欣赏 19 世纪的英国物理学家法拉第，他的个性和法拉第十分相似。法拉第曾经说过："我一向热爱科学甚于金钱……我绝不会致富的。”

科学家法拉第（1791—1867）

“我现在必须写信告诉妈妈，我即将成为一所著名大学的教授了！”他轻轻笑着说，“我小学时候的老师曾取笑我口齿不清，而且害羞，还说我是她所教过的学生当中最笨的一个。而我妈妈却认为我将会成为一名正牌教授。”

“就像是丑小鸭！”汉斯叫道，“爸爸，把那个故事再和我们讲一遍，好吗？”

“让你们的爸爸去收拾他的文件和书籍吧。”米列娃对孩子说，“他必须自己收拾才行。”她并没有说出如果爱因斯坦不收拾文件和书籍的话，这件工作将要落在她原已过度负荷的肩膀上。因为在处理家务上，她已经知道绝不可依赖她那位喜好做梦的学者型丈夫了。

一到布拉格，米列娃先找了几个房间让全家人住下来，准备等家具从瑞士运来后再作安排。但很不幸的是，邻居们对于孩子们的吵闹行为提出抗议，房东很有礼貌但却坚决地要求爱因斯坦一家人搬走。

“我们搬到什么地方去呢？”米列娃深感焦急地说，“两个小男孩吵得要命，又没有办法让他们安静下来。我已租了一间公寓，但是家具还没有运来，我们怎么办呢？”

这时，爱因斯坦主动担负起家庭责任。“我去买些简单家具暂时用一阵子，等我们自己的东西运到就好了。不，不会太贵的，只是用一阵时间，我去买些二手货好了。”

米列娃看到他如此实际，心里倒是十分高兴。但等到他们一家人在布置简单的公寓里睡了一个晚上后，她就改变了这种想法。某些小东西随着其中一张旧床闯了进来，汉斯和爱德华整晚辗转反侧。第二天早上，他们向母亲展示，他们的手上、腿上全布满了可疑的红色小点。

“臭虫！”米列娃不禁发出叫声。“要用什么法子才能把它们除掉？”

爱因斯坦对她说：“不要担心，它们一定是捷克臭虫，等到它们发现我们是真正友善的德国人时，就不会再咬我们了。”

他已经知道，布拉格的捷克人是如何痛恨他们的外来统治者。

爱因斯坦经常去当地的一家小餐馆，不仅是为了享受它特有的菜肴，也常和那里的侍者及他在那儿遇到的捷克朋友谈谈天。爱因斯坦教授跟布拉格的许多德国人和奥地利人不一样，他没有种族歧视的观念，他并不轻视那些被统治的捷克人。他发现，在奥地利人的控制下，德意志大学的师生只能讲德语。所以，德意志大学的教授、学生和古老的捷克大学的师生之间，存在着一种互不信任甚至是互相仇恨的情绪。

有几位学生前去听爱因斯坦讲课，并在他的指导下从事研究。因为许多其他德国教授的态度都很傲慢，起初这些年轻人反而怀疑爱因斯坦如此和善是否别有企图，等到他们知道可以信任这位德国人之后，这些学生就对他坦白地谈起他们的人民长久以来如何坚持不懈地为争取自由而奋斗。

虽然，在此之前，爱因斯坦离开犹太人群体已经有好多年，但在布拉格他开始觉得与他的同胞越来越亲近了。奥地利皇帝弗朗茨·约瑟夫规定，在其帝国中的任何一位大学教授必须属于任何一种官方认可的教会，否则就不承认他的教授资格。爱因斯坦自己登记为犹太教，但这纯粹只是表面上的。

奥地利皇帝弗朗茨·约瑟夫

有一次，他沿着狭窄

的石子路走入一片历史悠久的犹太人聚集区，站在那儿，他感觉仿佛回到了几世纪前。在这个古老的犹太区，高墙上的时钟用希伯来文标明时刻，犹太教会堂坚固得犹如堡垒，因为当布拉格的犹太人为了躲避他们的敌人追击而逃到会堂时，就把会堂作为抵抗的据点。附近有处墓园，从里面崩塌的墓碑可以知道，有多少圣徒及学者为血腥而痛恨犹太人的暴民所残害。

走在这些坟墓之间，犹太人的历史对爱因斯坦来说，变得比他以前听慕尼黑的犹太教士所讲述的更为真实。

“犹太复国主义”——这项运动的主要目的，是要将犹太国家重建于犹太人在几世纪以前被逐出的巴勒斯坦地区——第一次使爱因斯坦对它产生兴趣。爱因斯坦在布拉格的一些新朋友都是犹太复国主义者。某天晚上，他们坐在一位朋友的家中，讨论在古犹太地区建立一个犹太国家的梦想。爱因斯坦坐在一旁，抽着他的烟斗，默默地沉思。

表明宗教信仰，并不是爱因斯坦获准进入布拉格德意志大学执教唯一必备的正式申请手续。另外有一项要求，使这位憎恨战争的科学家深感震惊，且视之为最愚蠢的做法。那就是，他必须购买一套制服。这种制服跟奥地利海军军官的制服十分相似——三角形的羽毛帽、饰以穗带的外套和长裤。同时还必须配备一把长剑。跟所有奥地利教授一样，爱因斯坦被要求穿上这身华丽的制服，宣誓效忠，然后才能获准开始在大学执教。当然，他以后再也不曾穿过那套制服。但他的大儿子汉斯却非常喜欢他的那套制服。

他请求说：“爸爸，在你卖掉或送走那套可爱的制服之前，我希望你把它穿起来，佩上你的剑，然后带我出去走一走。我希望我的所有朋友都能看到你穿上这身制服。”

“好的，没问题。”他的父亲笑道，“他们会以为我是巴西海军上将呢。”

爱因斯坦认为十分愚蠢的另一项布拉格风俗，是新进的教授必须去拜访与他在同一学校任教的每一位教授。爱因斯坦感叹地说：“老天爷！要连续去拜访四十个人，多么讨厌呀！”另一方面，他也在心里愉快地想，在从事这种令人厌烦的拜访时，可以顺便欣赏一下布拉格各区不同的景致，也是挺不错的。因此，他开始愉快地展开漫长的拜访活动，他总是挑选可以供他散步而且是他所急于去看看的区域。当这些“观光活动”结束后，爱因斯坦立即把访问名单撕掉，不再继续这种正式的访问。他未去访问的那些教授们自觉受到了侮辱，可是他们怎会知道，爱因斯坦博士之所以不去拜访他们，只不过是因为他们所住的地区引不起爱因斯坦的兴趣而已。

在布拉格，也有一些人经常受到爱因斯坦的拜访。这些人都是科学家，他可以和他们交换意见，再不然就是同样有着音乐爱好的好朋友们，尤其是后者，他更喜欢和他们接近。爱因斯坦曾接受邀请，加入一个由极有天赋的业余音乐家组成的四重奏小组。

爱因斯坦住在布拉格期间，继续进行研究工作。他不仅在书房内研究，当他在曲折蜿蜒的街道上散步时，或漫步在可爱的小山丘上时，他的头脑也在不停地思索着新的问题。有一次，他告诉与他一起工作的一位物理学家：“我所从事的工作，在任何地方都能进行。”

爱因斯坦在布拉格定居后不久，他的母校（苏黎世联邦理工学院）却在这时请他回去担任教授。回想过去，他未能通过该校的入学考试，后来这家学校的部分教授又不愿推荐他担任最卑微的教职。如果爱因斯坦的天性中存有一丝一毫的偏狭，就一定会对此事抱着骄矜而自喜的心理，但是爱因斯坦并没有这样想。

爱因斯坦（右）和友人在漫步

他一直怀念那个可爱的瑞士城市，他在当地有许多朋友和同事。而且米列娃在布拉格始终觉得不很愉快，当爱因斯坦正在犹疑不决之时，她主动说服他回到那个她深深喜爱的城市。于是爱因斯坦教授在1912年离开布拉格，接受苏黎世的教职，在当地开展研究工作。

在此之前，杰出的德国物理学家马克斯·普朗克曾这样说："如果爱因斯坦的理论被证明为正确的话，他将被推崇为20世纪的哥白尼。"虽然当时爱因斯坦只有三十出头，但他的声誉却与日俱增。由于他的新理论引起全球科学家的极大兴趣，他获得了每位科学家终生追求的最高荣誉——应邀前往布鲁塞尔参加世界著名物理学家大会索尔维会议并在会上发表演说。

背景知识

索尔维会议

20世纪初，比利时的实业家欧内斯特·索尔维创立了索尔维会议。1911年，第一届索尔维会议在布鲁塞尔召开，计划每三年举行一届。

1927年，第五届索尔维会议在比利时布鲁塞尔召开，这次会议因为开启了爱因斯坦与玻尔两人的大辩论而备受关注，并因其巨星云集的阵容成为最著名的一届会议。一张汇聚了物理学界智慧之脑的“明星照”则成了这次会议的见证，近三十位涉及众多学科分支的物理学家都留下了他们的身影，爱因斯坦、玻尔更是照片中的灵魂人物。

1927年索尔维会议合影

第五届索尔维会议讨论的核心是有关量子力学的，而追溯量子力学就不得不提及一个人，那便是德国物理学家、“量子力学之父”马克斯·普朗克。参加这届索尔维会议时他已经六十九岁，德高望重，是当然的前辈。

该届索尔维会议上有三大阵营。以玻尔为中心的哥本哈根学派，年轻、激情是他们的标签，因而被称为反叛的一群。其中有尼尔斯·玻尔（中排右一）、马克斯·波恩（中排右二）、海森堡（后排右三）、沃尔夫冈·泡利（后排右四）等。

尽管哥本哈根学派所提出的量子力学有无穷的魅力，但爱因斯坦（前排正中）、薛定谔（后排右六）、德布罗意（中排右三）等人还是对此提出了质疑，这些质疑同样促进了量子力学的发展。

照片中，除以爱因斯坦和玻尔为轴心人物的两大阵营外，还有另一派，那是只关心实验结果的实验派，包括布拉格（中排左三）和康普敦（中排右四）。

此外，这些物理界的明星人物中，有一人还对中国物理学会的成立起过积极的作用，那便是保罗·朗之万（前排右四），以及两次获得诺贝尔奖的居里夫人（前排左三）。

1922年，普朗克教授前往瑞士苏黎世拜访爱因斯坦博士。这两位物理学家早在几年前就已经是好朋友，当时普朗克教授已经成名，对于比较年轻且默默无闻的爱因斯坦曾加以鼓励。他们的友谊维持了很久，不过，他们两人除了同样具有科学天分及对古典音乐的喜爱之外，还有很多显著的不同。

背景知识

普朗克

马克斯·普朗克1858年4月23日生于德国基尔。1867年，其父应慕尼黑大学的聘请任教，从而举家迁往慕尼黑。普朗克在慕尼黑度过了少年时期，1874年入慕尼黑大学。1877—1878年间，去柏林大学听过数学家魏尔斯特拉斯和物理学家海姆霍兹和基尔霍夫的讲课。

1879年，普朗克在慕尼黑大学获得博士学位后，先后在慕尼黑大学和基尔大学任教。1888年，基尔霍夫逝世后，柏林大学任命他为基尔霍夫的继任人（先任副教授，1892年后任教授）和理论物理学研究所主任。1900年，他在黑体辐射研究中引入能量量子。由于这一发现对物理学的发展做出的贡献，他获得1918年诺贝尔物理学奖。

著名物理学家马克斯·普朗克（1858—1947）

20世纪20年代，普朗克成了德国科学界的中心人物，与当时德国及国外的知名物理学家都有着密切联系。1918年他被选为英国皇家学会会员，1930—1937年担任威廉皇帝学会会长。

在那一时期，柏林、哥廷

根、慕尼黑、莱比锡等大学成为世界科学的中心，是同普朗克、能斯特、索末菲等人的努力分不开的。在纳粹攫取德国政权后，他们以一个科学家对科学、对祖国的满腔热情与纳粹分子展开了为捍卫科学的尊严而进行的斗争。

1947年10月3日，普朗克在哥廷根病逝，终年八十九岁。德国政府为了纪念这位伟大的物理学家，把威廉皇帝学会改名为普朗克科学促进学会。

普朗克的伟大成就之一是创立了量子理论，这是物理学史上的一次巨大变革，它结束了经典物理学一统天下的局面。

1900年，普朗克抛弃了能量是连续的传统经典物理观念，导出了与实验完全符合的黑体辐射经验公式。在理论上导出这个公式，必须假设物质辐射的能量是不连续的，只能是某一个最小能量的整数倍。普朗克把这一最小能量单位称为“能量子”。普朗克的假设解决了黑体辐射的理论困难。普朗克还进一步提出了能量子与频率成正比的观点，并引入了普朗克常数 h。量子理论现已成为现代物理学理论和实验不可缺少的基本理论。普朗克由于创立了量子理论而获得了诺贝尔物理学奖。

普朗克出身于一个政府高级官员家庭；爱因斯坦只是一位小商人的儿子。普朗克个子很高，举止优雅，他的衣服烫得笔挺；爱因斯坦则略微矮瘦，不拘小节，甚至在社交场合中的穿着也很随便。普朗克是天生的行政高手，他喜欢主持委员会，或是担任某项会议的主席；爱因斯坦则拒绝出席任何会议，除非是他极感兴趣的。一个是贵族化的普鲁士人；一个则是来自德国南部的犹太人，并且不喜欢德国北部的寒冷及礼仪。

但是，由于普朗克博士仰慕爱因斯坦的成就，他在见到爱因斯坦时，立即提出一项特别礼遇的邀请。他邀请爱因斯坦接受柏林的三个职位。注意！是三个而不是一个。若是换作一位年纪较大且资格较老的教授或是研究人员，一定会把其中任何一个职位当作是终生事业，而当时爱因斯坦只有三十四岁。

普朗克所提出的第一个职位是柏林普鲁士科学院的教授。该科学院创始于1700年，是德国当时最古老及顶级的科学研究机构。该院的正院士只限七十人，另外有二百名通讯院士。普鲁士科学院的主要任务不是教学，而是从事科学研究。普朗克相信，像爱因斯坦这样已经在科学研究方面拥有极高声望的科学家必将增加科学院的声誉。

第二个职位是柏林大学的教授。爱因斯坦在柏林大学不必从事他所痛恨的“马戏表演”式的授课，他可以随自己的意愿安排讲学，大部分时间可用来从事研究工作。

第三个邀请来自柏林的威廉皇帝研究所。这家研究所是和

20世纪初的柏林大学

美国洛克菲勒基金会合作创立的，从事多方面的研究工作。当时，这家研究所尚未单独成立物理研究所，准备设立物理研究所后，由爱因斯坦担任该所的所长。同时，他也将在其他研究所中担任顾问。

爱因斯坦年轻时在德国生活得并不愉快，他一再寻思，是否有必要再回去，成为那个僵化的、由政府控制的教育制度中的一分子？在充满好战气氛的德国首都，可能自由呼吸吗？

他再度决定不受高薪或重要职位的吸引，但他又为能有机会和努恩斯特、哈伯及普朗克这些世界上最著名的化学家及物理学家一起进行研究工作而动心。普朗克向他保证，不会让他担任任何行政工作，他可以有充分的时间进行研究。于是爱因斯坦决定前往柏林。在苏黎世及布拉格担任短时期的教职之后，爱因斯坦终于接受了后来他连续任职长达二十年的教学工作，而且表现杰出。

第一次婚姻的破裂

1914 年春天，爱因斯坦在柏林过着寂寞但又相当繁忙的生活，他的妻子和孩子并未跟他同住。在这时候，米列娃和爱因斯坦两人一致认为，他们的婚姻失败了。米列娃拒绝住在瑞士以外的任何地方，因为她已深深爱上那地方。虽然后来他们终于离婚，但他们两人仍然维持很好的友谊。爱因斯坦经常回到瑞士探望他的孩子，而汉斯和爱德华在放假时也会到德国和父亲生活一段时间。

德皇威廉二世和他的夫人

爱因斯坦博士此时已把柏林当作是他的家，但对于一个习惯德国南部温暖的气候及风俗的人来说，柏林则显得有点儿陌生和冰冷。这个德国最进步的城市执行着“铁血宰相”俾斯麦执政时期所讲究的高度效率。好战的德国皇帝威廉二世所领导的政权，颇合乎俾斯麦的理想。僵直有如枪管的军官们走在宽阔的街道上，街道两旁则整齐矗立着壮观的建筑物及英雄雕像。如果人行道上很拥挤，平民行人会立即走到街道上，让军官们大步经过。从政府官员一直到小孩子，每个柏林人都按照正确的步伐踏步前进。小孩子们很小就知道，在公园里丢一张纸屑是严重的罪过。

在大学圈子里，爱因斯坦处处遭遇繁文缛节。他憎恨一定要对他人称呼正确头衔的规定，不可以把教授的太太称为某某夫人，一定要称她为某某教授夫人，若是称呼别的，将会被当作是对她的一种侮辱。一位正牌教授必须拥有好几套服装，以便符合不同场合的不同着装要求，比方说，讲课时穿什么衣服，或是什么时候需要换上晨装或正式外出服。虽然爱因斯坦以前在瑞士当穷学生时只能穿破衣服的时代已经过去，但爱因斯坦仍然觉得如果把领子放松，并使裤子宽松自然，会让人感到更为舒服。已经有人在他背后指指点点，说他的皮鞋从来不擦。

爱因斯坦一向不理会这些批评。事实上，他向来拒绝顺从他不同意的世俗想法。例如，参加大学宴会及定期擦皮鞋，这些小事情他一向不放在心上。他的一位同事如此形容爱因斯坦："在柏林，只有两种物理学家，一种是爱因斯坦，另一种则是其他所有的物理学家。"

不过，这么一来，爱因斯坦总算能够把大部分时间都用来研究他的理论物理学。这位科学家通过两种方法来研究及追寻真理。他的工作分属于大家所知的"纯科学"和"应用科学"。在"纯科学"方面，我们可以发现，像爱因斯坦这类理论科学家，多年来一直致力于提供一项新的理论给全世界，他们所使用的只有铅笔和纸张，没有任何工具。在"纯科学"中，我们也可以发现像迈克尔逊及莫雷这类实验室的工作人员，这些科学家负责证实新理论的正确与否，他们的方式是在实验室中从事实验研究。

背景知识

应用科学

广义的应用科学是指把基础理论转化为实际运用的科学。它研究的方向性强，目的性明确，与实践活动的关系密切，且直接体现着人的需求。

狭义的应用科学以自然科学和技术科学为基础，是直接应用于物质生产中的技术、工艺性质的科学，与技术科学之间没有绝对的界限。

一般认为，技术有三种形态：一是抽象形态的技术，即技术科学；二是物化形态的技术，即人所创造的工具、设备、仪器等；三是功能形态的技术，指对客体的加工、改造方法。

狭义应用科学是对第三种技术形态的概括和总结，技术科学所具有的特征它也都有，此外，它也会与心理学、生态学、美学等有所交融。工程设计程序、劳动对象成型方法、对工艺可靠性的评估方法、保障优化生产的方法、减轻劳动强度和节约材料的方法等，构成了狭义应用科学的基本内容。

广义应用科学包括对社会科学、人文科学以及横向科学的实际运用的研究。如应用社会学、科学管理学、科学政策学、决策方法论、价值分析方法等。现代，应用科学的外延正越来越丰富，各种应用学科不断涌现，为基础理论的运用开辟着越来越广阔的空间。

爱因斯坦在柏林初期，仍然继续研究他在 1905 年提出的相对论理论。当时，他的这项理论引起了全世界的轰动，此时，他则忙于撰写一篇声明，这篇声明将使他的早期学说的范围扩大，且更为普遍化。他高兴于可以不必定期讲课。当他与他的同事或是比较优秀的研究生谈话时，他可以讲得十分精彩，因为这些人可以轻易理解他所说的话。但是在讲授一系列事先仔细计划好的课程时，由于所讲授的内容经常不是他当时特别感兴趣的，所以他常常讲得不如人意。

他对大学部的学生十分友善，经常抽空帮助他们解决问题。有一次他对一位害羞的学生说："不会的，你绝不会打扰到我。"但是，站在教室讲台上讲授校方所规定的学术知识，对他而言却总是一项令人讨厌的任务。在柏林的这段时期，爱因斯坦很高兴他能节省精力及时间，用以从事缜密的研究工作。他已不必再向参加听课的每一个学生收取费用了。事实上，由于他生活简单，没有任何嗜好，有时候甚至不知道该如何花掉他所获得的大量薪水。

邂逅艾莎表妹

爱因斯坦的父亲已经去世，母亲现在和他的妹妹住在一起。他的一位舅舅也住在柏林，艾莎表妹（现在是一位寡妇）则住在这位舅舅家里。起初，他根本认不出这位优雅、端庄的妇人就是他妹妹当年那位喜欢玩闹的小玩伴，她现在已经是两个女儿的母亲了。

爱因斯坦很喜欢小孩子，他很高兴地带着艾莎的两个小女孩爱尔丝和玛嘉特出外散步，这两位小女孩也非常欢迎他的来访。在晚餐桌上，她们发现，母亲和这位年轻的教授高兴地谈着当年慕尼黑的童年生活。现在身为普鲁士科学院院士的爱因斯坦博士，当初竟是一位羞怯而说话结巴的小男孩，这可能吗？她们忍不住提出一些问题。

中年的爱因斯坦

爱尔丝问："你为什么老是避开妈妈，躲到你的'洞穴'中去？"

爱因斯坦回答说："因为我当时很笨，现在不会这样做了。"他发现表妹在倒咖啡时，脸都红了，不禁十分高兴。

"妈妈说，你跟她同样喜爱音乐。"玛嘉特也追着问，"那么你为什么不练习你的曲子呢？"

"我说过了，我是一个笨男孩。"爱因斯坦对她说。

玛嘉特缠着他说："能否请你在吃完晚餐后，为我们演奏小提琴？"

"求之不得。"爱因斯坦教授回答说，"如果你们的母亲能够以钢琴和我合奏，我想我们一定可以演奏得很好。"

从此以后，爱因斯坦在他舅舅家中度过了很多个愉快的夜晚。吃完晚餐后，他们通常来一次音乐会。然后，两个小女孩上床睡觉，爱因斯坦坐在他最喜爱的椅子上，抽着他的烟，艾莎则忙着家事或缝缝补补。如果这位客人愿意谈谈他刚刚讲授过的课程，或是他在实验室中未曾解决的问题，艾莎就会全神专注地聆听着，仿佛已经忘了她明天还要预备三餐，或是还要替玛嘉特设计一件新的宴会礼服。当她的客人陷于沉思中时，她知道最好不要说话。如果时间已经很晚，她就会冲杯咖啡，并且送上一块刚烤好的蛋糕。

“除了我母亲外，没有人烤过这么美味的蛋糕!”爱因斯坦高兴地说。

艾莎笑了笑，回答说：“如果我能拿到波林姑妈的食谱，那就更好了。”

当他伸手去拿帽子时，她说：“等一下，你刚才进屋来的时候，我就已经注意到你的帽子需要刷一刷。还有，站着不要动，我帮你弄好领子。”

爱因斯坦笑了笑，交出帽子。他说，这真有点像当年在慕尼黑的情形，他的母亲总是坚持在他出门上学之前把他打扮得干干净净，使他有个“受人尊敬”的外表。

第三篇　举世瞩目的伟人

凡在小事上对真理持轻率态度的人，在大事上也是不可信任的。

——爱因斯坦

相对论的正确性获得证实

由于爱因斯坦提出相对论，向牛顿爵士在两个世纪之前所提出的万有引力理论形成挑战，因而他有时候也被称为“20 世纪的牛顿”。

著名物理学家艾萨克·牛顿（1643—1727）

由于很长一段时间内，一直没有人能够对牛顿的理论增添新的见解，因此当时人们认为牛顿的万有引力理论的地位已经永远确立了。然而，此刻爱因斯坦却提出了一项涵盖更为广博的理论，其中包含了牛顿的理论以及某些有关宇宙中极大和极小事物的惊人新事实。

爱因斯坦并不想破坏牛顿的世界，他只是将其扩大，使其更为普适，他提出了一个更为简单的宇宙形象。

这项名为“场理论”的新理论，最初是由两位英国人麦克斯韦和法拉第提出的。他们两人主要是研究磁力与电力的，并获得许多应用性的成果，其中包括发现如何通过交流发电机制造电力，以及如何通过马达产生电力。间接地，他们的发现导致了被视为是现代奇迹的一些发明，如雷达及无线电。他们从观测中发现，在磁铁场范围中的所有铁器都受到吸引，因而发展出磁场的理论。

爱因斯坦说，现在我们也可以同样地把万有引力想象成是在太空中的一个场。像太阳或其他恒星这些巨大的物体，都会建立巨大的引力场。即使是小如地球的天体，也能吸引 40 万千米外的月球。这种万有引力的大磁场威力十分强大，足以使光线曲折，之前从来没有人想到光线会受到万有引力的影响。

更具革命性的是爱因斯坦的另一项声明：太空是呈曲线形状，天体只不过是遵循最简单及最自然的路线运动。每条河流，不管大小，最后都流入大海，它所流经的地面并不平坦，但河水顺着最容易的路线流动。同样，天体运行的路线也是这样的。

如果一位飞行员想要从美国飞往中国或印度，他最短的路线并不是如世界平面图所显示的，画一直线横渡太平洋，他必须在极区上空绕一个大圈子，然后沿着地球的另一边飞下。星球及流星在太空中运动，它们进行的路线并不是直线，而是很大的曲线，就如同飞行员飞越极区一般。

直线并不永远是两点之间最短的距离，这是许多人所难以理解的一项新观念。

爱因斯坦使全世界感到震惊的，并不只是因为他宣称太空是曲线形的，他还宣称，太空是有限的，并不是永恒无限的。他说，从太阳或其他许多恒星发出的一道光线，沿着曲线前进，在十余亿年之后，这道光线将会回到它原来出发的地点。这意味着，整个宇宙，就像一个球体的表面，是有限的，但没有特定的界线。

爱因斯坦对于他这些惊人的发现，曾进行过令他自己感到满意的推论。不过，他也提出过几项论证途径，可由科学性的观测证明他的理论是否正确。其中一项实验是经由分光器研究从恒星发出的光，研究结果与爱因斯坦的学说是符合的。其他的证据则有待天文学家去证明。

根据牛顿定律，所有其他天体的运转，都可以做正确的解释。但对水星的运转，却一直无法予以进一步的解释。

水星这种极其微小的逸出轨道的运转，引起了爱因斯坦的浓厚兴趣。他最后认为，水星每年以极微小的距离偏离其轨道，因为水星比我们的地球更为接近太阳。这也表示，太阳引力场对水星的影响更为强烈。天文学家做过无数艰苦的统计实验，终于证明爱因斯

日全食

坦的预测是正确的。

但是，爱因斯坦提出的光线受到引力影响的观点又有什么证据呢？爱因斯坦认为，跟太阳位于天空同一区域的星星，它们的运转路线可能有所偏差，因为它们的光线经过太阳时有点儿弯曲。在普通情况下，我们看不见这些星星，因为太阳光线太强了。我们只能在日全食时经由望远镜观察。全世界的科学家都急于观看这种景象，以确认爱因斯坦关于光线曲折的预测是否正确。

1911年，爱因斯坦在布拉格发表了他的一篇重要论文：《关于引力对光线传播的影响》。但许多物理学家认为他的观点缺乏充分证据，或甚至是出自幻想。他本人呼吁天文学家们应该查证他所发表的这篇论文，以证明接近太阳的光线是否都会曲折。如果他错了，他将会很高兴有人证明他的错误。

背景知识

万有引力定律

万有引力定律是物体间相互作用的一条定律，1687年为牛顿所发现。任何物体之间都有相互吸引力，这个力的大小与各个物体的质量成正比例，而与它们之间的距离的平方成反比。如果用 m_1、m_2 表示两个物体的质量，r 表示它们间的距离，则物体间相互吸引力为 $F=Gm_1m_2/r^2$，G 称为万有引力常数。

万有引力定律是牛顿在1687年出版的《自然哲学的数学原理》一书中首先提出的。牛顿利用万有引力定律不仅说明了行星运动规律，而且还指出木星、土星的卫星围绕行星也有同样的运动规律。他认为月球除了受到地球的引力外，还受到太阳的引力，从而解释了月球运动中早已发现的二均差、出差等。另外，他还解释了彗星的运动轨道和地球上的潮汐现象，并根据万有引力定律成功地预言了海王星。万有引力定律出现后，才正式把研究天体的运动建立在力学理论的基础上，从而创立了天体力学。简单地说，质量越大的东西产生的引力越大，地球的质量产生的引力足够把地球上的东西全部抓牢。

像这样的研究及调查为什么不能立即进行，有许多原因。其中一项原因是，日全食发生的机会相当少，而且，日全食时，地球上只有少数几处地点能正确地予以观察。天文学家们已经知道，1914 年将发生一次日全食，从俄国可以看到这次日全食。

就在那年，一群德国天文学家募足了可以从事这项研究而需要的巨额资金，整理好他们珍贵精密的望远镜，动身前往俄国。1914 年的夏天，爱因斯坦学说的支持者及反对者一致焦急地等待着这些天文学家的观测结果。

德国化学家哈伯（1868—1934）

这群德国天文学家安全抵达俄国，但他们却一直无法带回他们的观察结果，因为变得黑暗的不仅是太阳，战争的乌云笼罩了地球表面。在 1914 年 8 月，第一次世界大战爆发，俄国、法国和英国一起向德国宣战。

这群德国天文学家刚踏上俄国

土地不久，他们马上被当作敌人加以监禁。不管是不是有日全食，他们都没有机会使用他们的望远镜，这群天文学家看不到可能解答他们疑问的满布群星的天空，只能凝视着他们牢房的天花板。一直等到四年后战争结束，和平来临，他们方才获得释放，回到德国。

阿尔伯特·爱因斯坦是位彻底的和平主义者。许多年来，他一直认为，没有任何事情能够使他参加任何战争对抗自己同类。他发现，住在像德国这样好战的国家里，实在十分为难，尤其是战争期间，更感尴尬。幸好，他已取得瑞士公民权，瑞士仍然保持中立，所以爱因斯坦不会被当成敌人看待。虽然也有人背后指责，爱因斯坦教授对他出生的土地欠缺忠诚，但没有人能够指出他不忠的地方。

化学家华特·努因斯特由于研究制作及使用毒气，而对德国的作战能力提供了具体的贡献。另一位叫弗里茨·哈伯的人，经由化学实验，发现了制造人造肥料及炸药的方法。由于他们的贡献，这两位科学家获得德国陆军少校的官衔。这对哈伯具有很大的意义，哈伯的父母都是犹太人，他一直不停地努力，不仅希望被公认为是世界科学界的领袖，更希望被当作是一位杰出而爱国的德国人。他不断地催促他的朋友爱因斯坦，要求他接受他的国家主义理想。

但爱因斯坦崇尚和平，仍然继续进行他的研究工作。他对政治从未表现任何兴趣。为他撰写传记的一位作家说，他喜欢把自己当作是世界舞台前的一位观众，冷静地观赏这个世界所发生的一切事情。现在他请求能让他继续在实验室中工作，而不必参加血腥的战争，但那是不可能的。

爱因斯坦曾经说过，对于一个思想家来说，最愉快的工作莫过于担任灯塔管理员。那时他就可以远离现代社会的嘈杂及竞争，从事简单而有用的工作，他可以把自己真正投注于他所感兴趣的有价值的工作中。

但是现在，怒吼声如此之大，这位物理学家想不予理会是不可能的事。所幸，他所从事的工作并不会和战争发生关联。他很高兴自己不是应用科学家，虽然他们由于对毒气及炸药有杰出的贡献而获得莫大的荣誉，但爱因斯坦却不想得到这种殊荣。不过，在舆论方面，有关单位却希望他站在德国这一边。

1914 年，德国宣称，他和孤独无助的小国比利时所签订的条约只不过是一张废纸。德国后来入侵比利时，给无辜的人民带来死亡及毁灭，世界各国对这种情形深感震惊。全世界的舆论一致指责说："只有野蛮人才会这样做，为我们带来文学、科学与音乐的德国人怎么能这样做呢？这并不是歌德和贝多芬的德国，这是野蛮人的德国。"

德国政府企图在世界舆论法庭上为自己辩护，他们企图证明不仅是政治及军事领袖支持这项行动，就连作家、音乐家和科学家也同样支持。德国政府特别为此准备了一份文件，有九十二位德国最著名的知识分子联名签署了这份声明。爱因斯坦早就同意法国科学家巴斯特的"科学不分国界"的说法，因此拒绝在这张德国自辩书上签名。由于爱因斯坦不再是一个德国公民，所以政府也就对他无可奈何，不能把他称为叛国者。但有许多德国的偏激分子却不原谅他，希望有一天能使他因为这种"不忠"的行为而尝尝苦头。

战争期间另一项不方便之处，对于这位爱好和平的教授来

叼着烟斗的爱因斯坦

说，虽然没有很大的影响，但仍然令他感到苦恼。因为战时很难买到烟丝，而他又特别喜欢他的烟斗。许多年以后，有位宾客在某次晚宴上说到，爱因斯坦如何呆坐一个多小时，让空空的烟斗叼在他的嘴上。可能是因为很难买到烟丝，无法享受真正的抽烟乐趣，叼个空烟斗多少可以满足他的烟瘾。这也可能是艾莎管理他的日常生活，企图使他戒除少数几项坏习惯之后所养成的一种习惯。基于健康理由，艾莎曾经限制他每天抽烟的次数，所以爱因斯坦才会养成叼着空烟斗的习惯。

爱因斯坦在艰苦的学生时代，因为饮食不规律使胃部受损，现在他的胃病更加恶化。不过他的食欲仍然不错，但战争已使得德国各大城市难以买到食物。他的表妹艾莎是位天生的烹调能手，设法为她的丈夫及孩子们准备出好吃又营养的三餐。

“我知道得很清楚，我们的爱因斯坦是位十分杰出的物理学家。”她笑着说，“现在，我们不得不买些各式各样的没有人知道怎么打开的罐头。经常，这些罐头都是我们不曾见过的外国产品，或是生锈，或是扭曲了，而且没有开罐的工具。”她以骄傲的口气说着：“但是，到目前为止，还没有任何一个罐头是我们这位爱因斯坦所无法打开的。”

在爱因斯坦教授想法子打开这些罐头时，艾莎则切着面包片及煮马铃薯，他们一起谈论着许多事情。有时候，他们讨论书籍和音乐，并经常谈到家庭琐事：谈玛加的来信，真难以想象当初那位愉快的小女孩，已经是一位能干的家庭主妇了；爱因斯坦的儿子还太小，难以预测他们将来是否会成为成功的科学家；爱因斯坦认为，玛嘉特刚刚制成的泥土人显示这个小女孩具有艺术天分……

在那个为战争所破坏的世界中，这位愉快、能干的妇人为他带来了和平安定的生活，他的寂寞得到慰藉，他开始越来越依赖她在日常生活上的协助。对其他人来说，他是一位伟大的科学家，而对于艾莎而言，虽然没有人比她更为爱因斯坦的声名而感到骄傲，但艾莎仍然认为他只是一个不切实际的梦想者，他需要一个妻子来照顾他、管理他，使他能定时用餐以及一定要记着穿上袜子。

艾莎所居住的公寓里有她所喜欢的书籍、图画与鲜花，显得舒适而整洁，爱因斯坦在那里和艾莎闲谈、听音乐，度过愉快的一个晚上之后，很不愿意回到他那间寂寥、凌乱的房间。爱因斯坦认为，像这样一位愉快的家庭主妇，虽然对物理和高等数学丝毫不懂，但却是一位理想的妻子。

有一次有人问爱因斯坦，教授夫人是否了解相对论？爱因斯坦笑着回答，他也不知道她是否了解，因为他一直不曾试着向她解释这项理论。他从来也不会因为她无法分享他的科学知识而感到失望。她对物理学的无知，正好可以帮助他在研究某些困难问题太久之后放松一下心情，她温暖的笑容、轻妙的幽默感，可以使这个疲倦的男人觉得舒适而疲劳顿消。

艾莎很快就学会了如何在爱因斯坦需要休息的时候，把他从书桌上拉起来，让他参加一群经过仔细挑选的宾客的谈天。

有时候，当她感觉他一定不能受到打扰时，就为他准备一盘美味的餐点，送到书房去，使他能继续工作。艾莎奉献了自己的一切，使他感到满足和安定。只有在她去世的时候，使他陷于悲伤及打击，那是她唯一伤害他的一次。

结婚之后，爱因斯坦夫妇住在柏林一处宁静、温馨的公寓内。艾莎把家里布置得窗明几净，舒适无比。她挑选一些高雅的家具、淡素合宜的窗帘、精美的桌巾，一切都显示出艾莎身为家庭主妇的品位。但是，爱因斯坦是否会注意到这些摆设，倒颇值得怀疑。不过，爱因斯坦倒是相当欣赏他的书房，它撤除了一切可能会打扰到他的事物，那是一间装饰朴素的房间，有许多书籍和文件。

爱因斯坦的家很快成为柏林许多知识分子及艺术家的聚会场所。只要有人告诉爱因斯坦，来访的客人之中有几位是音乐家，则不难使爱因斯坦离开他的书房。他讨厌参加正式的宴会。他发现，在家中度过一个有音乐的晚上之后，工作起来更能得

耶路撒冷圣殿山

心应手。除此之外，另一项娱乐就是欣赏歌剧或好的戏剧。

在柏林的最初几年当中，他开始关注犹太人的情况。参加第一次世界大战的每个国家都尝到了苦难，而犹太人则是战争中最悲惨的受害者。许多犹太人居住在波兰及乌克兰，经常受到入侵军队的骚扰。全居住区的犹太人经常被迫集体迁徙，或是全部被消灭。古老而著名的犹太文化中心也遭到了毁坏。

第一次世界大战虽然恐怖无比，但却为犹太人带来了一线希望。当英国军队征服土耳其并占领巴勒斯坦之后，全世界的犹太复国主义者开始认为，他们成立国家的希望已经露出了曙光。甚至在撤退的土耳其军队的枪声仍然清晰可闻之际，居住在耶路撒冷的一群犹太人已开始为希伯来大学安放基石。世界各地的犹太学者欣喜若狂，并且答应协助建校。爱因斯坦也支持这一想法，并认为该学术机构应基于国际性精神。

背景知识

希伯来大学

耶路撒冷希伯来大学（以下简称希大）是以色列第一所大学，也是犹太民族在其祖先发源地获得文化复兴的象征。其校园除斯科普司山校区外，还有吉瓦特拉姆校区、雷霍伏特校区和英科雷姆校区。希大始创于1918年，落成于1925年，现已发展成为一所充满活力、集教学和研究于一体的综合性大学。

早在19世纪末，当第一批犹太人新居在以色列时，来自德国海德堡大学的数学家赫曼·斯卡支拉教授就撰写了一系列文章建议创办希伯来大学。到1902年，查姆·马丁·巴博教授和伯索德·菲威尔博士联合提出了创办大学的具体规划，得到了犹太复国运动领导人的支持。于是便开始征集学校用地，并于1918年由威兹曼博士主持举行奠基典礼。七年后希大正式开办。学校第一届董事会由以下著名犹太裔人士组成：奥地利物理学家、神经病学家及精神分析的创始人西格蒙德·弗洛伊德，以色列神学家和哲学家马丁·巴博，物理学家、相对论创立者阿尔伯特·爱因斯坦，以及查姆·那克曼·比亚里克等。他们明确了希大的三个主要目标：一是要把希大建成一所犹太人的大学；二是要将希大建成具有国际声誉的高等学府；三是要为犹太人国家的创建与发展发挥重要作用。

希大刚成立时只有三个研究所：微生物、化学和犹太人研究所。共有33名教员、141名学生。一年之后，希大又设立了巴勒斯坦自然史研究所和卫生学系。不久，世界犹太复国主义组织下属的一家图书馆又并入希大，这就是著名的犹太人国家与大学图书馆。

橄榄山上的希伯来大学

在希大创建初期，大学办学条件相当艰苦，设备不足，但是大学的科学家们还是想方设法开展科学研究，其研究领域主要涉及植物学、动物学、以色列的地质地理及地方疾病防治等。

到了20世纪30年代，由于大批在欧洲遭受歧视迫害的犹太学生及学者涌入，希大得到了迅速扩大。到1947年，希大已发展成一所规模庞大、设备完善、集科研和教学于一体的综合性大学。组成部门已达七个：人文科学与自然科学学院、医学预备学院、农学院、教育系、犹太人国家与大学图书馆、大学出版社和成人教育中心。学生人数已达1000多名，教师人数约200名。

不幸的是，巴勒斯坦地区发生了战争，使得希大与耶路撒冷犹太人控制区分割开来而成为一座“孤岛”，学校不得不放弃斯科普司山而到耶路撒冷城另觅校区。尽管如此，希大还是得到了很大发展。到1967年为止，学生人数已超过1.25万名。1967年6月9日，耶路撒冷重又统一，希大长期的流亡生涯至此告终。于是希大马上就开始重建和扩大斯科普司山校区，使其在1981年重新成为希大的主校区。

目前，希大共有学生约2万人，其中40%为理科生，70%来自耶路撒冷以外地区。

爱因斯坦一向认为，科学家应成为世界的公民。他的研究工作是集合许多国家、许多人的思想而成的，其中包括了意大利、英国、德国、美国及丹麦等。对于严肃的科学问题应秉持科学精神，科学家应该追求真理，不管真理是在何处发现，都应该对它表示认同。

显然某些科学家也同意爱因斯坦的这种看法。在大战仍在进行期间，英国的一群科学家继续研究爱因斯坦有关相对论的论文。虽然爱因斯坦在德国的大学担任教授，但这些英国人并不把他当作敌人，他们只对他的理论感兴趣。

与那群在俄国被逮捕入狱的德国科学家相比，英国的同行在研究工作方面显然幸运多了。

1917 年，战争仍在持续，英国皇家学会天文学分会会长向一些科学家报告说，1919 年将发生一次日全食，可以为他们带来一次极佳的机会，使他们得以验证爱因斯坦的理论。到那时候，黑色的太阳正好位于十分明亮的金牛星座的正中央。巴西北部的某处及西非几内亚湾的一个海岛上是最佳的观测地点。

这些科学家们听到这项报告之后，一致认为这是个很难得的机会，但是有谁能够获准通过潜艇横行的大海呢？德国潜艇的威胁，使当时没有人敢离开英国本土，除非有军舰护航。

尽管没有人能够预测战争将在何时结束，英国皇家学会及皇家天文学会仍然充满希望地建立了一个委员会，负责安排这次观测任务。委员会筹集了旅行所需的资金，选定了团员，并买妥望远镜、照相机及所有必需的设备。委员会主席是亚瑟·爱丁顿爵士。身为爱好和平的奎克郡人，爱丁顿爵士并不认为前去研究敌国科学家的理论是不爱国的行为。

战争在 1918 年 11 月结束，第二年初，两支英国探测队出发。为什么派出两支探测队？因为日全食为时短暂，而且很可能因为天色阴霾，无法拍下日全食的情景。英国皇家学会认为，比较保险的做法是在地球上两处不同的地点拍摄日全食情况，一处是巴西北部的索布拉地区，另一处是几内亚湾的普林西普岛。爱丁顿爵士率领第二支探测队，在日全食的前一个月抵达普林西普岛。

这些英国科学家取出他们的望远镜（是当时最精良的）和照相机，当地的土著向这群陌生人提出许多问题。有人很担心地问道，如果太阳真的变黑了，他们怎能确定太阳还会恢复明亮？太阳的黑暗能持续几分钟？他们希望这些聪明的人给他们答案，希望不要产生不良后果。

日全食当天的黎明，天气阴沉、多云，科学家们担心会白跑一趟。如果在日全食发生的时候，乌云遮住了星星，那么他们的长途跋涉等于是白费了。

爱丁顿爵士曾这样描述日全食的情形：

> 日全食开始时，被日冕环绕的月亮黑色圆盘部分，仍然可从云间清楚地看到，很像是在一个没有星星的晚上月亮从云间出现的情景。我们别无他法，只有按照原定计划进行，并希望获得最好的结果。一位观察员忙着以最快的连续动作更换相机底片，另一位则在望远镜的透镜前拿着布幕，控制理想的曝光时间，以避免震动望远镜………
>
> 天空的景象十分壮观。后来冲出的照片显示，一道太阳火焰高悬在太阳表面几千千米的高空中，我们根本连望一眼那种景象的时间也没有，只感觉到地上景象时明时暗，气氛十分诡异。只有观察者的喊声及计时表的滴答声打破长达302秒的日全食时间。
>
> 曝光时间从2秒到10秒不等，共获得16张照片。

最初的几张照片看不出星星，但在接近日全食末期时，云层变淡了，少数几点影子出现在后面几张照片上。有时候，一颗或几颗最基本的星星被云层遮住，在照片上没有法子显露；不过有一张照片却很清楚地显出五颗星星，用这来验证是最理想的了。

他们终于获得了这些珍贵的照片。爱丁顿和他的工作人员把这些照片中最好的几张拿来和在伦敦所拍摄的照片互作比较。发现在伦敦拍摄时，由于这些星星距离太阳很远，因此不受其直接引力的影响。几个月之后，两支探测队分别返回伦敦，他们所拍得的照片在实验室里被仔细地测算，并考虑到一切可能的错误。天文学家们用很长的时间严肃地讨论这些可能性，观测这些星星的人员也时时提防发生错误。

1919 年 11 月初，在伦敦一个阴沉而大雾弥漫的日子里，天文学家们参加了一项期待已久的会议，他们全忘了屋外潮湿而恼人的天气，静静地倾听英国皇家天文学会会长宣布一项重要的结论。他报告说："两支探测队所做的观察已经证明了光呈现出 1.64 秒等值的偏离弧度，而爱因斯坦以纸笔所做的预测弧度则为 1.75 秒等值。"

英国数学家怀特海（1861—1947）

参加这项伟大会议的数学家怀特海，留下了这段记录：

皇家天文学会会长宣布说，照片已经证实爱因斯坦的预测——光线经过太阳附近时，都会曲折。

牛顿的画像（挂在会长背后）提醒我们：最伟大的一项科学法则，在经过两个世纪之后，终于接受了第一次修正……这是思想上的一大进步。

皇家学会会长汤姆森爵士，他本人是位物理学家，他在演说中将已获得证实的爱因斯坦理论描述为“人类思想史上最伟大的一项成就”，因为“他发现的并不是一个小岛，而是新科学思想的整个大陆”。这是自从牛顿发表其万有引力定律以来，与其有关的最重大发现。

就在 1919 年 11 月 7 日当天傍晚，伦敦街头的告示牌上以巨大的字体标出当天的头条新闻。行人透过浓雾，凑着昏黄的灯光，可以看到告示牌上写着：“阵亡将士纪念日，各地实施停火。”

在那天早上，已有许多人不需别人提醒，把鲜花放在无名英雄墓前。当他们将要移开满含泪水的目光时，也许会稍微停下脚步，瞄一眼第二个标题：“科学上的伟大革命：牛顿理论被推翻。”

爱因斯坦在他柏林四楼的公寓里，小心地打开刚刚从伦敦寄来的一个包装得很好的邮包。他的家人全环绕在身边，他静静坐着，若有所思地凝望着这些星球的照片，这些照片的阴影中透露出的闪烁光芒，终于证实了他的学说。也许在那一刻之前，他并不了解这种证实对他有多大的意义。

有好长的一阵子，他一句话也说不出来。最后，他轻声地自语："很好，很好！"

他再度研究那些照片。

艾莎的小女儿玛嘉特兴奋得不得了。她说："好极了，现在大家都将知道那真是一项了不起的理论，因为它已经获得了证实。"

爱因斯坦告诉她："我指的并不是我的理论。我的意思是说，我从没想到有人能够拍下如此好的照片。"

背景知识

英国皇家学会

英国皇家学会成立于1660年，并于1662年、1663年、1669年领到英国皇家的各种特许证。英女皇是学会的保护人。它的全称是"伦敦皇家自然知识促进学会"。

学会宗旨是促进自然科学的发展。它是世界上历史最长而又从未中断过的科学学会。

1660年，查理二世复辟以后，伦敦重新成为英国科学活动的中心。此时，对科学感兴趣的人大大增加，人们觉得应当在英国成立一个正式的科学机构。因此，伦敦的科学家于1660年11月某日召集了一个会议，正式提出成立一个致力于促进物理、数学实验知识的学院。约翰·威尔金斯被推选为主席，并起草了一个"被认为愿意并适合参加这个规划"的41个人的名单。

不久，罗伯特·莫雷带来了国王的口谕——同意成立"学

英国皇家学会大楼

院”。莫雷被推为这个学会的会长。两年后，查理二世在许可证上盖了印，正式批准成立“以促进自然知识为宗旨的皇家学会”，布隆克尔勋爵担任皇家学会的第一任会长，第一任的两位学会秘书是约翰·威尔金斯和亨利·奥尔登伯格。

皇家学会的会员在1660年创立时约有100人，17世纪70年代时就已超过200人，但是在17世纪末，人们对科学的兴趣开始减淡了，在1700年时皇家学会只剩下125位会员。这以后，学会会员人数又增加起来，到1800年该学会会员达到500人，但是500人中真正谈得上是科学家的还不到一半，其余都是名誉会员。

自1915年以来，英国皇家学会的历任会长都是诺贝尔奖获得者。

被荣誉和赞美包围

“他们现在全都找上我了!”爱因斯坦告诉他的妻子，“他们把我当作电影明星或是一位凯旋的将军。但三个月以后，大家就会把我淡忘，只有物理学家会来问问我的理论究竟是怎么一回事。”

爱因斯坦很正确地预测出星星接近太阳时会有什么反应，但他在1919年宣称他的名声不会持续太久，他预测自己很快就可以坐在安静的书房里、不受打扰，然而他错了。

各大日报继续刊登有关这位伟大科学家的消息，不仅刊登了关于相对论的评论，还登出一些他的生平轶事，其中有些是胡乱捏造的。杂志上也出现有关他本人及研究成果的长篇文章。由于爱因斯坦照片登出的次数太多了，他无论走到哪儿，大家都能立即认出他来。

在这个世界开始侵犯到他的私人生活之前，他一向是个友善的人。但是，在每天访客逐日增加的情况下，他再也不能继续维持那种温和的脾气了。过去，他对每一位客人都深表欢迎，不论是德国最著名的剧作家豪普曼，或是刚从波兰来的穷苦学生（多半是要求爱因斯坦博士资助他们进入大学就读），他都一视同仁。但现在，似乎每个经过柏林的人都想来拜访这位害羞的教授了。

有一天，一名活泼的年轻人前来拜访，提出一笔优厚的酬劳，请爱因斯坦写篇介绍自己的文章给他工作的杂志，爱因斯坦冒火了。他咆哮说：“你们那份流行杂志的读者，不可能对我的研究工作发生兴趣，我的生平故事与大众毫无关系。我不是一个职业拳击手，人们不会对我个人的琐碎生活发生兴趣的。”他毫不客气地把这位不速之客轰跑了。

接着有个胆小的小男孩偷偷地溜了进来，他希望爱因斯坦博士在他的签名簿上签名。爱因斯坦和他闲谈了几句，然后把他打发走，那个小男孩高兴万分。“这样做真是有点蠢！”爱因斯坦喃喃说道。但是，他怎忍心让一个孩子扫兴呢？

随后来访的是位眼神涣散、衣衫褴褛的年轻人。他腋下夹着一个文件夹。他向爱因斯坦夫人请求，要见教授几分钟：“我要把我最新的发明介绍给他，我知道他一定会感激我的。”

爱因斯坦凝视远方

艾莎尽了最大的力量，从每天来访的众多客人中选出几位她丈夫愿意接见的客人。当某个客人真的获得接见时，她又要设法使访问的时间不要拖太久。因为爱因斯坦为人和善，一旦有客人进入他的书房，就不好意思赶他走。

有一天，一位学生获得接见，最后该离开的时候，他站起来但看来并不愿意走。爱因斯坦友善地问他："有什么需要我帮忙的吗？不妨告诉我。"

那位年轻人有点踌躇："您太好了，抽出宝贵的半个小时来接见我。我不敢有什么奢求，只希望您能送我一张您的签名照片，我会把它放在书桌上。在工作时，也许能给我一点灵感。"

"好的。"爱因斯坦博士回答说，"但有一个条件，你也一定要给我一张你的签名照片。"

几年以后，这位年轻人讲述这个故事时，眼中不禁充满泪水："我当时只是一个无名小卒，我知道他并不是真的想要我的照片。但当爱因斯坦博士说那句话时，使我觉得无比骄傲。"

有一天，爱因斯坦花了两个小时的时间耐心地倾听一位不出名的物理学家向他说明某些新的惊人的理论。最后，爱因斯坦婉转、礼貌但很肯定地告诉这位客人，研究这项永远无法证明的理论是白费时间。这位访客的妻子，在她丈夫说话期间，一直坐在一旁，本来渴望听到这位大科学家夸奖自己的丈夫一番，现在不禁对爱因斯坦感到十分生气。

她质问说："我知道我丈夫的理论是正确的，你怎能说这种话？"

爱因斯坦说："夫人，我之所以听你的丈夫发表谈话，主要是因为虽然他有几项错误的观念，但可以看得出，他对物理学还有几分了解，因此他有权表述他的意见。但我相信我对物理学的认识和你差不多，所以我拒绝听你的。"

每天都有许多来信，爱因斯坦夫人只挑选其中的几封送给她丈夫，因此爱因斯坦用不着看某些写信者的荒谬意见。例如：

有个人写信来说，他相信，只要获得爱因斯坦的协助，他必能减少购炭的价格；或是一位想要当探险家的小男孩，希望爱因斯坦能告诉他如何加入非洲探险队；还有人向爱因斯坦提出“请你简短地把相对论介绍一下，以使我可以向我的朋友们解释一番”……但最多的是索取签名。

孩子气的爱因斯坦

爱因斯坦博士认为，至少他可以满足这些令人厌烦的索取签名的仰慕者。他公开宣布说，任何人只要在信里附上他所规定数目的钱，他就会将亲笔签名寄过去。他把所收到的钱全部转交给一个基金会，资助维也纳的战争孤儿。虽然为这个基金会筹得的钱并不如他所希望的那么多，但至少使他暂时摆脱了人们向他索取亲笔签名的困扰。

也有许多信件来自举世闻名的物理学家。并不是所有来信的人都同意爱因斯坦的理论，有些人自称为他们所谓的“常识物理学”辩护，他们坦白宣称无法重视相对论。许多谴责爱因斯坦的人不肯承认他的学说是正确的。其他的人则因为成就不及爱因斯坦，而对他所获得的荣誉表现出妒忌及不满。爱因斯坦永远不能了解，为什么科学家竟然会有嫉妒之心！在学术界，教授之间往往产生很大的敌对，但爱因斯坦从未有过竞争地位或荣耀的欲望。一位跟他相当熟识的人曾经说过，爱因斯坦最杰出的特点就是他拥有伟大的人格，而这和他在科学上的任何成就都没有什么关联。他的人格自然而伟大，其中没有一丝一毫嫉妒他人的成分。

爱因斯坦对于那些无法接受新思想的科学家所发表的批评，并不觉得不耐烦。他知道，创立新理论的人，多少都会遭到批评。他的新宇宙观，对许多物理学家来说，是让人难以认同的，需要很长的一段时间，他们才会接受。学者及教会人士以前就曾谴责过哥白尼和伽利略。爱因斯坦认为，他本人也可以等待，直到被所有的人接受为止。有人告诉他，物理学家马赫——爱因斯坦曾以他的学说为基础，进行多项研究工作——曾激烈批评他最近的学说。爱因斯坦唯一的回答是："那是因为他已经老了。"

他对于那些对他进行非科学性攻击的人没有太大的耐心。许多科学家憎恨爱因斯坦既是一个犹太人，又是一个和平主义者。有一次，在爱因斯坦博士担任主讲人之一的柏林会议上，发生了不愉快的事情，竟然需要动用武装警察对爱因斯坦博士予以保护，这真是令人难过的事。爱因斯坦在回答如何看待对他个人所做的一次最严厉的个人攻击时，仅宣称说："这种攻击不值得回应，因为从科学上来说，这样的争论并不具有任何意义。"

这类攻击，深深伤害了爱因斯坦。他一直希望德国人好战的思想能完全消失，因为德国皇帝已经流亡国外，德国当时已是一个共和国。爱因斯坦认为，可以恢复以前所放弃的德国公民权了，他所出生的这块土地受到战争的摧残，变得残破而穷苦。爱因斯坦觉得自己身为德国公民，利用他与日俱增的声望，多少可以恢复祖国已消失的一些荣耀。跟其他自由派人士一样，他把希望寄托在新的领袖身上。但他知道，在贫苦的人民当中，正激荡着一股憎恨而绝望的暗流。“我的情况，就像是躺在一张漂亮的床铺上，但却受到臭虫的折磨。”他说。

他的名气迅速传播到德国以外的地区。当相对论的新闻成为柏林报纸的头条新闻时，柏林市的一位美国记者收到了纽约编辑的一封电报：“请以一千字说明这项理论，速复电。”

一位数学教授答应写这篇文字，结果长达一万八千字。这位教授坚持无法予以浓缩，于是只好把整篇文章以电报发到纽约。纽约十几位一流的美国学者企图把它改写到合理的长度。不过当他们承认实在无法浓缩时，这位纽约的编辑也认为，这个题目极具趣味，值得把它的全文刊登出来。

黎波·英菲曾经说起这个时期的一件事。他当时认为，在他生活的那个波兰小镇上，大概只有少数几个人对爱因斯坦本人或他的研究工作有兴趣。但由于他对物理学极感兴趣，于是他宣布，他将就相对论公开发表一次演说。结果，站在冬天寒风中等待演讲厅开门的人极为踊跃，镇上有关当局只好开放镇上最大的体育馆，以便容纳这么多的听众。

似乎世界各地的每个人都希望看看这位相对论的创立者，即使只有极少数的人能明白这项理论的真正意义。爱因斯坦被邀请前往荷兰演讲，并获得莱顿大学的教职。当他在莱顿大学向一千四百名学生讲课时，回想起在苏黎世时代只有两位老朋友前往捧场的教学情形，不禁哑然失笑。

他很高兴重访布拉格。一度轻视捷克人的德国人和奥地利人，此刻却由于战败而显得沮丧及不安。这些泄气的德国人热烈欢迎爱因斯坦的来访，以拾回他们的尊严。当地的一家报纸骄傲地说："全世界将会发现，一个能够产生像爱因斯坦这类人物的德国民族，将永远不会受到压迫。"

跟平常一样，在众多观众当中，有许多人只是来看看这位著名人物。其中一位安排演讲会的人低声对一位教授说："请你用一个字迅速回答我，爱因斯坦所讲的，是真的，或是只是骗人的？"虽然爱因斯坦尽可能使演说的内容简单易懂，但这位先生仍然对相对论一无所知。毕竟，相对论是无法以一个字或是一次演说完全解释清楚的。

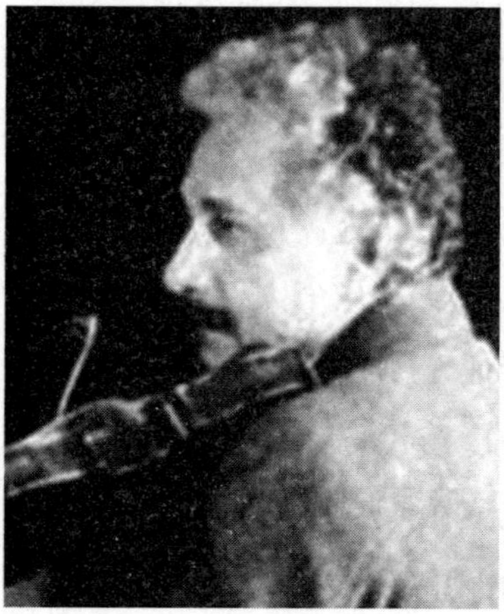
爱因斯坦在拉小提琴

在那天晚上举行的一次社交聚会中，爱因斯坦被邀请上台讲话。他说："如果我不发表演说，而为各位演奏小提琴曲的话，也许会更令人感到愉快、容易了解。"当他架起小提琴演奏莫扎特的小夜曲时，他的疲倦似乎全部消失了。

就在爱因斯坦准备离开布拉格时，一名兴奋的年轻人请求爱因斯坦抽空看一看他的一篇原稿，内容是：如果以质能方程式 $E=mc^2$ 为基础，是不是可以利用原子中所包含的能量来产生强力的爆炸？

"请你冷静下来。"爱因斯坦告诉他，"我的火车马上就要开了。如果我不讨论你的研究作品，你并没有任何损失。我知道这是相当愚蠢的，因为我已经读过将近一百篇像你这样的发明报告。”

爱因斯坦预测错了！即使是他自己也想不到，在他的公式内，竟然隐藏着原子弹的种子。

爱因斯坦向这位失望的发明者微笑地道别，然后搭乘火车前往维也纳。他发现，一度极其伟大的奥匈帝国，现在成为一个挣扎中的年轻共和国，它的古老美丽的首都现在已成一座垂死的城市。他在维也纳向三千名听众发表演说，虽然他的这些听众们遭遇失败与绝望，但在聆听他的演讲时，却忘掉了悲哀。他们曾熟知的那个古老而愉快的世界已在他们的头上崩溃，爱因斯坦似乎是一位魔术师，可以为他们带来一个新世界。

就在从维也纳回来后不久，爱因斯坦要妻子收拾行李，因为他准备进行一次较长的旅行，到美国去，为希伯来大学筹募基金。他对希伯来大学的兴趣，在这几年内已大为增加。爱因斯坦教授根据自身的观察与体验，知道一个来自东欧的犹太学生要想进入一所大学，是相当困难的。许多这类年轻人，不管他们是多么用功和多么有才能，当他们竭尽所能来到柏林之后，竟然发现柏林的著名大学对他们关起大门。希伯来大学将可以协助解决这个问题。根据爱因斯坦的说法，这所大学可以作为连接东方与西方世界的桥梁。

英国化学家、多年来担任犹太主义党领袖的魏兹曼，亲自来到柏林，请爱因斯坦陪他一起前往美国去筹募基金。魏兹曼的募款活动有两个目的：他希望募得金钱，在巴勒斯坦购买土地，使更多的犹太人可在当地的农场及社区中工作；同时，他也打算请求资助希伯来大学。爱因斯坦愿意协助他从事这项活动。

爱因斯坦知道，由于他与日俱增的声望，美国人将会乐于参加有他出席的任何犹太人会议，甚至只要有他坐在讲台上就可以了。他认为，这种活动很愚蠢，但对于为希伯来大学募款却有很大帮助，他同时也急于看看美国。在1921年启程之前的一次访问谈话中，他告诉一位美国新闻记者："蔓延欧洲各地的国家主义风潮是一种病态。"他说，国与国之间应该有一种合理的关系。科学家，一定要成为超越国家主义的先驱。

纽约市的市民们以迎接总统、探险家或电影明星的盛大场面来欢迎这位杰出的科学家。爱因斯坦教授和他的夫人一离开越洋邮轮登上码头之后，立即被摄影记者及新闻记者们包围。每个人都急于知道有关这位杰出人物的消息。爱因斯坦笑着说："我觉得自己像是一个首席女高音。"他知道，只有少数几个学者对于他在物理学上的成就真正发生兴趣，大部分人则把他当成是一个使宇宙变得乱七八糟的人物。

爱因斯坦带着他心爱的烟斗及小提琴，配上他蓬松的满头乱发，一副音乐家的模样。他耐心地聆听人们提出的有关相对论的一般问题，例如，这项理论是否能用几句话加以解释？世界上真的只有十二个人了解这项理论吗？

这时有位记者转身对爱因斯坦夫人说："也许你了解相对论。"

艾莎已学会如何应付新闻记者。

"不，我不了解。"她玩笑似的回答，"不过，他曾经对我解释过许多次，但我很高兴我并不了解这项理论。"

虽然，爱因斯坦拒绝向记者们讲解，但他却很高兴在哥伦比亚大学演讲相对论。由于他不能说一口流利的英语，因此，仍以德语演讲。之后他又被邀赴普林斯顿大学演讲，并接受一项荣誉学位。普林斯顿大学的校长发表一篇德语演说欢迎他，并把他形容为“科学界的哥伦布，独自航行过奇异的思想大海”。

每一位德裔美国人都对来自祖国的这位访客所获得的荣耀充满骄傲；美国的犹太人更是感激他为同胞争得的荣誉。当魏兹曼和爱因斯坦到达克里夫兰时，城里全部的犹太商人把店铺关掉，排成一长列，紧跟着他们所乘的火车从车站一直走到市政厅。这两位访客在市政厅受到正式欢迎。跟平常一样，爱因斯坦宁愿躲在后面。在一次筹募基金的会议上，爱因斯坦在魏兹曼之后上台讲演，他说：“你们的领袖，魏兹曼博士已经讲过了，他说出了我们心中的话。追随他，你们将获得成功，这就是我要说的全部。”

这位伟人不管走到哪一个地方，他的谦虚和单纯总可以使他结交到许多新的朋友。当他访问哈佛大学时，停留在物理实验室里和学生们谈话，讨论他们所从事的研究工作，并提出宝贵的建议。当他听到一位纽约市议员曾反对纽约市对他做正式的欢迎时，他并不认为受到了冒犯，反而觉得很有趣。这位市议员宣称，纽约市以前曾给予库克博士许多热烈的欢迎及荣耀，结果为纽约市闹了大笑话。这位市议员责问说，库克是个骗子，夸口说他发现了北极，或许这个德国人也是一个骗子，他并未真正发现相对论。

爱因斯坦在回程中，接受邀请，决定在英国停留，发表几场演说。当时英国和德国之间的关系仍然非常紧张，而且许多英国物理学家并不能接受爱因斯坦的理论。哈达尼爵士长久以来一直是爱因斯坦的支持者，他告诉一群英国科学家，他的这位德国朋友在威斯敏斯特大教堂牛顿的墓前献上鲜花。哈达尼爵士说：

“牛顿是18世纪的奇才，爱因斯坦则是20世纪的奇才。”

英国教会领袖，坎特布里大主教，曾读过几本有关相对论的书籍，但他承认无法了解里面的意思。于是，他急于要见见这位来访的科学家。他很高兴地发现，在一次欢迎爱因斯坦的晚宴上，他就坐在爱因斯坦的身旁。这位大主教向爱因斯坦提出一个不但令他自己感到困惑，也是哥白尼及伽利略时代的教会人士所想象不出的问题：“你的理论对宗教有什么影响？”

“没有影响。”爱因斯坦回答说。后来，他的回答被广泛引用：“相对论是纯科学事物，跟宗教没有任何关系。”

法国也跟英国一样，仍然因为战争而对德国怀有敌意。1922年，当爱因斯坦被邀请前往巴黎演讲时，有许多人提出反对。几位前往比利时边界迎接爱因斯坦的法国科学家，听到谣言，说某些团体的成员正计划在巴黎火车站对付他们“最近的敌人”，使得这些科学家颇为恐慌。为了安全，他们只好先行下车，把爱因斯坦送往旅馆。对于爱因斯坦来说，很高兴可以避开新闻记者及摄影人员的围访，更令他感到欣慰的是，原来聚集在火车站的人群并不是充满敌意的示威群众，实际上是仰慕他的学生们，正等着欢迎他呢！

但邀请爱因斯坦前往访问的那个委员会仍然相当小心。任何人除非能够证明自己确实是想听演讲，而不会制造动乱，否则休想获得入场券。在拥挤的大厅里的听众中，有一位最受尊敬的巴黎市民，一位衣着朴素的小妇人——居里夫人（镭的发现者）。

尽管有些法国科学家因为爱因斯坦出生在德国而痛恨他，甚至对他故意冷淡，但爱因斯坦却觉得多数人都很和善。许多

满头银发的爱因斯坦

人见过他的照片，并十分容易地就从他那蓬乱的灰白头发及深陷的眼睛中认出他来。他十分感动地发现，当他在巴黎乘坐公共巴士时，车上的工人彼此以肘互相轻触，面带微笑，友好地朝他看着。他评价说：“在美国就不是这样子。在那儿，每个人都会用力和你握手，同时把他的名字告诉你。我很快就忘掉了他们的名字，但‘握手’累积下来的效果却存留在你的手指头上。”

当然，在巴黎也跟在纽约、伦敦及维也纳一样，仰慕者坚持问些愚蠢的问题，使他无法作答。一位漂亮的少妇问道：“教授，我在报上看到，你的头脑是世界上最好的，对不对呢?”

爱因斯坦十分严肃地回答说：“我想，这种说法缺乏科学根据。”

由于爱因斯坦的请求，他去参观了曾经遭受德军侵略的偏远地区。就在距巴黎不远的郊外，几年前用来对抗侵略者的战壕，现在已长满了小麦，在春季的天空下，充满希望地摇摆着。但在几千米之外，却可见到被毁坏的房舍尚未重建，受德国毒气影响的树木已经枯萎。

他们一群人在一处军人公墓前停下来，爱因斯坦摘下他那顶没有形状的软帽，伤感地凝望着那些似乎没有止境的木十字架——黑色代表德国军人，白色代表法国军人。

爱因斯坦轻声说：“我们应该把德国所有的学生及全世界所有的学生都带到这里来看看，使他们看清楚战争的丑恶。”

他对整个遭到毁灭的村庄以及雷姆斯大教堂被破坏的情景感触至深。当他站在返程的火车上时，他的声音由于情绪激动而略带颤抖。

爱因斯坦告诉他的朋友：“我很高兴我来了。我们今天所看到的，平常并不容易见到。回到家里后，我将把我见到的所有情景告诉每一个人。”

背景知识

尼古拉·哥白尼

哥白尼 1473 年 2 月 19 日出生于波兰维斯杜拉河畔的托伦市的一个富裕家庭。18 岁时就读于波兰旧都的克莱考大学，学习医学期间对天文学产生了兴趣。1496 年，23 岁的哥白尼来到文艺复兴的发源地意大利，在博洛尼亚大学和帕多瓦大学攻读法律、医学和神学。

博洛尼亚大学的天文学家诺瓦拉对哥白尼影响极大，哥白尼在他那里学到了天文观测技术及希腊的天文学理论。后来他在费拉拉大学获宗教法博士学位。哥白尼作为一名医生，由于医术高明而被人们誉名为“神医”。哥白尼成年的大部分时间是在弗龙堡大教堂任职当一名教士。哥白尼并不是一位职业天文学家，他的成名巨著是在业余时间完成的。

在意大利期间，哥白尼就熟悉了希腊哲学家阿里斯塔克斯

（公元前3世纪）的学说，确信地球和其他行星都围绕太阳运转的日心说是正确的。他大约在四十岁时开始在朋友中传播一份简短的手稿，初步阐述了他自己有关日心说的看法。哥白尼经过长年的观察和计算终于完成了他的伟大著作《天体运行论》。在《天体运行论》中，他观测计算所得数值的精确度是惊人的。例如，他得到恒星年的时间为365天6小时9分40秒，比现在的精确值多约30秒，误差只有百万分之一；他得到的月亮到地球的平均距离是地球半径的60.30倍，和现在得出的60.27倍相比，误差只有万分之五。

写作中的哥白尼

1533年，六十岁的哥白尼在罗马作了一系列的讲演，提出了他的学说的要点，并未遭到教皇的反对。但是他却害怕教会反对，甚至在他的书完稿后，还是迟迟不敢发表。直到他临近古稀之年才终于决定将它出版。1543年5月24日他去世的那一天，他才收到出版商寄来的《天体运行论》。

居里夫人

居里夫人（1867—1934），波兰裔法国籍女物理学家、放射化学家。1903年和丈夫皮埃尔·居里及亨利·贝克勒尔共同获得了诺贝尔物理学奖，1911年又因放射化学方面的成就获得诺贝尔化学奖。1995年，她与丈夫皮埃尔·居里一起移葬入先贤祠。她还是“居里学院”的创始人。

著名的物理学家、化学家居里夫人（1867—1934）

居里夫人婚前名为玛妮雅·斯卡洛多斯卡，1867年11月7日出生在波兰华沙的一个教师家庭。

在世界科学史上，玛丽·居里是一个永远不朽的名字。这位伟大的女科学家，以自己的勤奋和天赋，在物理学和化学领域都做出了杰出的贡献，并因此而成为唯一一位在两个不同学科领域、两次获得诺贝尔奖的著名科学家。

爱因斯坦在评价居里夫人一生的时候说：“她一生中最伟大的功绩——证明放射性元素的存在并把它们分离出来——所以能够取得，不仅仅是靠大胆的直觉，也靠着在难以想象的和极端困难的情况下工作的热忱与顽强。这样的困难，在实验科学的历史中是罕见的。居里夫人的品德力量和热忱，哪怕只有一小部分存在于欧洲的知识分子中，欧洲就会面临一个比较光明的未来。”

两次来中国

爱因斯坦成名后，他应邀到许多国家进行巡回演讲，受到各地民众的狂热崇拜。

当时，在内忧外患灾难深重的中国，许多报刊也对爱因斯坦及其相对论进行了及时的报道和初步的介绍。早在1917年9月，许崇清在《学艺杂志》上发表的一篇文章中就提到："方今自然科学界，关于时空（即宇宙）之研究，则有爱因斯坦于1905年发表之相对性原理，此原理以二假定为前提。"据戴念祖先生的不完全统计，从1917年9月至1923年的上半年，在我国报刊上先后刊载的有关爱因斯坦和相对论的译文论著、通讯报告和文献等多达百余篇，相关书籍十多种。

1921年初，英国哲学家罗素在北京大学作哲学专题系列讲演其间，多次赞扬列宁和爱因斯坦是近代最出色的伟人。罗素的话极大地激发了中国知识界对爱因斯坦及其相对论的热情。当时有人感慨地评论道，在我国，从罗素来讲演后，无人不知道这相对论的名词。

在中国知识界日渐兴起的推崇爱因斯坦、谈论相对论的热潮中，《少年中国》杂志于1922年1月出版了"相对论专号"。这期专号中，除发表几篇有关爱因斯坦和相对论的文章外，还刊载了爱因斯坦从德国柏林寄给中国读者的回信和自己的照片。1922 年 11 月 14 日，《北京大学日刊》特载了校长蔡元培关于爱因斯坦博士来华之准备的报告。随后，北大发出举办爱因斯坦学说公开演讲的通知："兹为爱因斯坦博士演讲之先导，特选择关系于相对论各题，分别定期公开演讲。兹因讲堂座位有限，特备印听讲券，本校同人愿意听讲者，请至第一院注册部领券可也。"对此，著名的《东方杂志》在 1922 年 12 月出版的"爱因斯坦专号"上发表文章称："有了这一个准备，然后再来听爱因斯坦的讲演，才能得着真正的了解，也才能判断他的真正价值，并且也不至于辜负他远道来给我们讲演的这一番盛意啊！"

爱因斯坦终于来到中国，但只是先后两次途经上海，总共逗留约三天的时间。

第一次是 1922 年 11 月 13 日。

1922 年初，爱因斯坦接受日本改造社的邀请，于 11 月至 12 月前往日本访问，约四周时间。10 月初，爱因斯坦携夫人艾莎从柏林启程，于 11 月 9 日抵达香港。在香港期间，爱因斯坦受到一个小型犹太人团体的盛情款待。随后，爱因斯坦夫妇在香港改乘日本的北野丸号轮船驶往上海。

11 月 13 日上午，爱因斯坦夫妇刚一登上汇山码头，便被四面涌上来的人潮围住。日本改造社的代表稻垣守克夫妇、德国驻上海总领事普菲斯特夫妇和瑞典驻上海领事纷纷与爱因斯坦握手致意。中国知识界的代表也热情地上前问候他。此时，欢迎爱因斯坦的喜庆场面达到了高潮。

最令人振奋与难忘的是，在码头上，瑞典驻沪领事当面向爱因斯坦宣读了瑞典皇家科学院授予爱因斯坦诺贝尔物理学奖的授奖词：

鉴于阿尔伯特·爱因斯坦发现了光电效应的定律，以及他在物理学方面的其他工作，特授予他 1921 年度的诺贝尔物理学奖。

其实，爱因斯坦荣获诺贝尔奖早已是众望所归的事。他本人大约是在乘轮船到香港之后，从无线电广播中得知了获奖的消息。

汇山码头的欢迎仪式结束后，爱因斯坦夫妇由普菲斯特夫妇陪同，前往德国驻上海的总领事馆短暂休息。随后，爱因斯坦夫妇应邀前往一品香番菜馆，改造社代表稻垣守克为他们接风洗尘。一品香番菜馆位于今西藏中路与汉口路口，是上海一家历史悠久的著名高级餐厅，以中式西菜著称。爱因斯坦品尝了可口的饭菜后，由衷地夸奖说，具有古老文明的地方，其烹调也必然发达，中国就是这样，而像美国那些国家则只是像往炉子里添煤似的，只考虑给胃里增加多少卡路里。午餐后，爱因斯坦夫妇兴致勃勃地来到位于今福佑路豫园商场北侧的小世界游乐场。舞台上演的是一出昆剧，尽管他对剧情并不十分了解，但演员身穿的漂亮服装、高亢婉转的唱腔、精湛的舞蹈技巧，令他大开眼界。

离开小世界游乐场，爱因斯坦夫妇又游览了老城隍庙。城隍庙是上海历史文化的代表性景点之一，是西方人士心目中东方文化的象征。他们漫步走过九曲桥，驻足湖心亭，心旷神怡。随后，德国总领事陪同爱因斯坦夫妇乘车来到南京路游览。据当日的有关报道称，爱因斯坦刚下车，便引起周围中国市民的注意，一群大学生很快就认出大名鼎鼎的爱因斯坦，他们欢呼着快步走到他的身旁，祝贺他荣获诺贝尔奖。几名学生还喊着“一二三”把爱因斯坦高高地抬了起来，甚至有许多人争先恐后地伸手去摸一摸爱因斯坦，以此为荣。

傍晚6时许，上海著名居士、书画家王震在家中设宴招待爱因斯坦夫妇。应邀赴宴作陪的有同济大学校长德国人威斯特夫妇、日本改造社代表稻垣守克夫妇、大阪每日新闻社的村田等。出席宴会的中国知识界的代表有大公报社经理曹谷冰和张季鸾、上海大学校长于右任、曾任北京大学教授的张君劢博士、浙江法政学校教务长应时夫妇及其女儿。宴会前，王震向爱因斯坦夫妇展示了自己多年收藏的中国金石书画文物。爱因斯坦夫妇仔细地欣赏了每一件作品，惊叹不已。

大家入席坐定后，于右任首先起立向爱因斯坦致欢迎词，他热情而恭敬地说：“鄙人今日得与日本改造社欢宴博士，谨敢代表中国青年，略述钦仰之意。博士实为现代人类之夸耀，不仅在科学界有伟大之贡献与发明。中国青年崇仰学术，故极崇仰博士。今所抱歉者，时间匆促，不能多尽东道之谊，尤不能多闻博士伟论。唯愿博士在日本讲学既毕，重为我国青年赐诲。”爱因斯坦随即起身答谢，并由应时博士翻译。他深有感触地说：“今日得观多数中国名画，极为愉快，尤佩服者是王一亭君个人作品。推之中国青年，敢信将来对于科学界，定有伟大贡献。”

接着，张君劢博士又用德语致辞，表示了对爱因斯坦的敬仰和希望。

宴会上，中外人士曾几次请爱因斯坦谈谈相对论的问题。

他总是以长途旅行身体劳累为由，婉言谢绝。王震的家宴于晚9时结束。

在上海仅仅停留一天，却让爱因斯坦感触万端。据《民国日报》的新闻称，爱因斯坦曾向友人表示："我第一次至东方，极为欢喜，有许多惊异之闻。见此间理想的气候，澄清之空气及南方天空灿烂之星斗，皆使我之头脑得一难以消灭之印象。此种印象，我将永不忘之。我在船上虽只曾为少许粗浅之试验，然我对于相对论之信心，已益加固。"

11月14日凌晨，爱因斯坦夫妇仍乘日本北野丸号轮船，离开上海，前往日本的神户。

上海城市雕塑艺术中心的爱因斯坦雕像

爱因斯坦第二次来到中国是1922年12月31日至1923年1月2日。

1922年12月27日，爱因斯坦完成赴日旅程，在返回欧洲的途中，于12月31日上午11时再次到达上海。这一次，爱因斯坦夫妇在中国东道主的陪同下，逛了当时上海南市区的老城。映入他们眼帘的是一排排低矮破旧又肮脏的小木头房子，里面居住着许多贫苦市民。这与外国租界内的高楼大厦、花园别墅形成了强烈的反差，判若两个世界。不时有人力车从爱因斯坦一行的身边掠过，他几次见到身高体胖的洋人得意地坐在车上，而瘦骨嶙峋的中国车夫却只能伏身低首，拼命拉车，沿街奔跑。

“太悲惨！太不公正了！”爱因斯坦在日记中写道：“在上海，令人讨厌的欧洲人以及在中国的那些招待多数是懒惰、自命不凡、目空一切之辈。中国人备受挫折，迟钝、善良、坚强、稳重，然而健全。”

爱因斯坦的女婿根据他的旅行日记，记述了爱因斯坦对上海社会生活方面的印象。他感到，中国人大多数是负担沉重的，似乎鲁钝得不理解他们命运的可怕，实在是一幅悲惨的图像。这个城市表明欧洲人同中国人的社会地位的差别，这种差别使得近年来的革命事件特别可以理解了。

1923 年 1 月 1 日下午 3 时，爱因斯坦应上海犹太人青年会和学术研究会的邀请，在福州路 17 号公共租界工部局礼堂，进行了关于相对论的演讲。礼堂挤得满满的，其中有一些中国学者和青年学生。

当时，爱因斯坦用德语演讲，再由工部局的一名工程师现场翻译成英语。其实，在场的中外人士中，没有人真正懂得相对论的高深原理，但他们却被爱因斯坦非凡的人格魅力所感染，被他取得的划时代的科学成就所震撼。爱因斯坦的演讲并不枯燥，他那平易近人的和蔼态度与诙谐幽默的语言，赢得了在场听众一阵阵暴风雨般的掌声。

演讲结束时，张君劢博士向爱因斯坦提问，他怎样看待心灵学。心灵学由英国著名物理学家洛奇和克鲁克斯创立，当时被少数文人引入中国，大肆宣扬人鬼交往，并形成一定声势。“Ce nest pas serieux”（这是不足道的）。爱因斯坦当即用法语回答。

1923 年 1 月 2 日上午 11 时，爱因斯坦夫妇离开上海码头，告别中国。

此后，爱因斯坦虽然再也没有来过中国，但他依然关注并声援中国的民族解放和进步事业。直到1953年，七十四岁高龄的爱因斯坦还在给J·E·斯威策的复信中称，中国的贤哲在探索科学发展方面的成就是令人惊奇的。

东方之旅

爱因斯坦喜爱温暖的家庭生活，也爱好旅行，因为他喜欢看看新的地方以及研究他以前未见过的人们。以前的几次旅行都使他感到十分愉快，现在（1922年）他又急于出发前往东方旅行了。

爱尔丝和玛嘉特因未能获准与父亲同行感到非常失望，但她们的母亲立场十分坚定。

“你们这两个小女孩在柏林有很多的朋友，不会感到寂寞的。”她说，“我平常照顾这个家，以及阻止客人们进入你父亲的书房，已经够忙了，需要出去放松一下。何况，现在我还要费很多心神去照顾一个大孩子呢。”说到这儿，她对她那位老是惹她头痛的丈夫点点头，他不好意思地笑笑。爱因斯坦一向喜欢有夫人做伴，但又忍不住惋惜地叹了一口气。因为他知道，在这次旅行中，她将监督他的饮食及着装。

他有一次抱怨说："女人在家里是跟家具黏在一起，整天绕着家具打转，擦擦抹抹；当我跟一位女人出外旅行时，我成了她唯一的一件家具，她整天忍不住要在我身边打转，尽量找理由来改正我身上的缺点。"

艾莎对这种揶揄并不放在心上，她可以举出几百个例子，说明每当她不注意时，他就会举止失措。

她历数道："每次当你出外演讲时，我总是为你整理箱子。有一次你回来后，我真是想不通为什么箱子里的每件衣服都叠得整整齐齐。后来，我好不容易才逼你说了实话，原来你根本没有打开过皮箱，事实上就穿着那套皱得不成样子的旅行装，上台演讲去了。

"又有一次，你在一项非常特别的会议上演说，当时参加会议的每个来宾都穿着晚礼服。有人问你是不是打算换上晚礼服……"

爱因斯坦打断了她的话，两眼发光地说："我告诉那位先生，我从来没有打算买晚礼服，因此我要穿着身上这套晚宴服上台演讲。如果他认为我应使人们更尊敬我，我可以挂上一块牌子，上面写着'这套衣服刚刚刷过'。"

不过，爱因斯坦教授心里很明白，他的妻子总是替他省掉许多麻烦。她可以在一分钟内决定给侍者多少小费；她虽然不懂"相对论"，但对于简单的加减却相当熟练。她可以很快算出总账，并且核对一番。他很高兴在旅行期间有妻子的陪伴，在日记上他写了这么一句话："在边界与我的太太走失了，但她立刻找到我。"人们说他是20世纪最聪明的人，但在这样漫长的旅行中，如果没有夫人照顾他的生活琐事，他就要觉得茫然而不知所措了。

爱因斯坦博士不管到什么地方，印度、中国、日本或巴勒斯坦，总是受到当地人的欢迎，他不仅被赞誉为世界上最优秀的科学家，也被视为一个最杰出的德国人。当他上次抵达中国上海港口时，当地德国学校的教师和学生一起出来欢迎他。他当时的笑容一定显得很不自然。因为在柏林，那些嫉妒他的声名或是痛恨他的和平主义的人，把他当成是外国人，而在外国，他的同胞却唱着德国国歌来欢迎他。这些远离家乡的德国人相信，他们的国家将受到世界上所有国家的爱戴与拥护。他们认为，爱因斯坦是国际主义者，他一定也有此想法。

在日本，天皇与皇后以招待来访皇族的礼节来招待这位德国科学家。皇后领他到皇宫花园内观看她那些得奖的菊花，一路上用法语和他交谈。爱因斯坦很高兴当时有他的太太在场，因为他对花卉知道得很少，而且很快就找不到适当的形容词。对他来说，每一朵菊花都和另一朵一样，没有什么区别。但艾莎喜爱园艺，当她经过花团锦簇的花海时，不断说出合适的赞赏词句。

艾莎和爱因斯坦的合影

这样的访问比许多酒宴有趣多了。在为这位德国科学家所举行的宴会中，每上一道菜都要举行一项特别的仪式。

有一天晚上，爱因斯坦对艾莎说：“想想看，我们今天晚宴的主人对我说，他已经写了四大册的书，用以描述喝茶时所要举行的仪式。”

艾莎笑着说：“这种繁文缛节对你来说大概相当难过吧？我想，你永远无法使这些人明白，为什么你在洗澡和刮脸时都使用相同的肥皂，尤其是那些送了一些最昂贵的肥皂给你的仰慕者。”

“使用两块肥皂，会使生活变得太过复杂。”爱因斯坦坚持说，“如果我必须浪费我的精力来决定使用哪一块肥皂或是怎样倒茶，我又怎能专心从事我的研究工作呢？”

令他觉得有趣的是，尽管日本人的许多习俗在西方人眼中显得十分怪异，但日本人仍然从其他国家那儿学来了追求签名的狂热。日本人请他拿着长长的毛笔在丝巾上签名，他觉得，这是很愚蠢的风尚。

这时候的爱因斯坦几乎已习惯摆姿势供摄影师拍照了。若在柏林，他不是把刊登他照片的报纸不耐烦地丢在一旁，就是出于愉快的幽默心理，假装不认得那张已为众人所熟知的脸孔。他会质问说：“这个又丑又胖的家伙，究竟是谁？”但是，不管他到哪儿去旅行，总有许多人会坚持送给他礼物，使他不知该如何表示感激之情。

一群可爱的日本儿童送给他一本彩色图画册，还有人赠送丝巾、刺绣、木刻品等。甚至连一向喜爱漂亮家具及摆饰品的艾莎，在不断收到重复的礼物时，也忍不住感到烦恼：柏林公寓里面已经够拥挤了，怎能容得下这些东西呢？

在日本，爱因斯坦接受邀请，发表了一连串的演说。当然，他并不会说日语，必须由另外一个人把他的演讲内容翻译给那些耐心的听众。爱因斯坦后来获悉，他的第一次演说及完整的翻译，竟然使这些极有耐心的听众在大厅里坐了四个小时。他觉得，以日语再重复一次他的科学想法，对于大多数日本听众而言，并没有太大的意义。他决心行行好事，第二次演说时就把时间缩短到只有两个半小时。

但当他到第二个城市旅行时，他注意到，陪他同行的日本人不断聚在一起，并且谴责似地望着他。爱因斯坦对于这些有礼貌的仰慕者竟然表现出如此无礼的态度深感诧异，决定找出原因。

于是他问一位懂得法文的日本青年："我究竟做错了什么，使得你们不断地瞪着我，并且彼此窃窃私语？"

这位日本青年有点踌躇，他不想解释，但他知道，这位贵宾所提出的问题必须予以回答。

"我不知道应该怎样告诉你，才不会冒犯你。"他说道，"既然你问了，我必须要告诉你。我们正在讨论，你在刚刚离开的城市里，为何侮辱了那么多我们的同胞？"

爱因斯坦愈来愈觉得困惑不解，他是不是忽略了什么仪式？他不是一直遵照他细心的妻子的指示行事吗？并未要求那些杰出的日本音乐家再奏一曲，这样做是不是太无礼了？他不喜欢日本音乐，在一次冗长酒宴结束时，他觉得再也无法容忍任何日本音乐了。

"我怎会侮辱人？"他问道。

"那位安排你做第二次演说的先生，感到被深深地侮辱了。"这位先生说，"第二次演说并没像第一次那样讲上四个小时。那位先生认为，你没有尊重那些听众，并企图轻视那些听你演讲的人们。”

爱因斯坦哈哈大笑，他的日本朋友亦礼貌性地陪着他笑笑。不过他们却一直不知道，究竟是什么事情使他觉得如此好笑。

爱因斯坦在回程途中访问了巴勒斯坦。对他而言，这是一块陌生的土地。但爱因斯坦博士却比许多现代游客更了解它，游客只知道它是世界三大宗教（基督教、伊斯兰教及犹太教）的圣地。

古耶路撒冷的每一块石头都蕴藏着丰富的历史与传奇。来自世界各个角落的犹太人站在寺庙残余的墙壁前，一面哭泣一面祈祷，祈求那些分散在各地的犹太人能再团聚。

背景知识

哭墙

耶路撒冷犹太教圣迹哭墙又称“西墙”，是耶路撒冷旧城第二圣殿护墙的一段，也是第二圣殿护墙的仅存遗址，亦有“叹息之壁”之称。这段古代犹太国第二神庙的唯一残余部分，长约50米，高约18米，由大石块筑成。犹太教把该墙看作是第一圣地，教徒至该墙哀哭，以表示对古神庙的哀悼并期待其恢复。公元初年，欧洲人认为耶路撒冷是欧洲的尽头，而这面墙即是欧亚分界线。千百年来，流落在世界各个角落的犹太人回到圣城耶路撒冷时，便会来到这面石墙前低声祷告，哭诉流亡之苦，所以被称为“哭墙”。哭墙中间以屏风相隔，祈祷时男女有别进入广场墙前。男士必须戴上传统帽子，如果没有帽子，

著名的耶路撒冷哭墙

入口处亦备有纸帽供应。许多徘徊不去的祈祷者，或以手抚墙面，或背诵经文，或将写着祈祷字句的纸条塞入墙壁石缝间。历经千年的风雨和朝圣者的抚触，哭墙石头也泛泛发光，如泣如诉一般。

哭墙由大石砌成。公元前11世纪古以色列王大卫统一犹太各部族，建立了以耶路撒冷为首都的以色列王国。公元前10世纪（约公元前965年）大卫儿子所罗门继承王位后，在首都锡安山上建造了首座犹太教圣殿所罗门圣殿，俗称“第一圣殿”，来此朝觐和献祭的教徒络绎不绝，从而形成古犹太人宗教和政治活动的中心。

公元前586年，第一圣殿不幸被入侵的巴比伦人摧毁。将大卫王之子所罗门王所建的“第一圣殿”付之一炬，四万多犹太人被虏，史称“巴比伦之囚”。

经过了半个世纪的流亡生活，犹太人陆续重返家园，后来又在第一圣殿旧址上建造第二圣殿。

公元70年，罗马帝国皇帝希律王统治时期，极力镇压犹太教起义，数十万犹太人惨遭杀戮，绝大部分犹太人被驱逐出巴勒斯坦地区，耶路撒冷和圣殿几乎被夷为平地。该墙壁为同一时期希律王在第二圣殿断垣残壁的遗址上修建起的护墙。直至拜占庭帝国时期，犹太人才可以在每年安息日时获得一次重归故里的机会，无数的犹太教信徒纷纷至此，面壁而泣，“哭墙”由此而名。

特别是第二次世界大战期间，惨遭德国法西斯杀害的犹太人达六百万之多。

这些惨痛的历史遭遇，深深地印在犹太人的心灵之中，哭墙便更被犹太人视为信仰和团结的象征。直到如今，哭墙脚下经常有来自世界各地的犹太人。他们或围着一张张方桌举行宗教仪式，或端坐在一条条长凳上念诵经文，或面壁肃立默默祈祷，或长跪在地悲戚啜泣。逢宗教节日，祈祷者及游人更多。

1967年，以色列占领整个耶路撒冷。这是两千年来，西墙首次处于犹太人控制之下。以色列政府在西墙前辟出宽阔的广场，每逢阵亡将士纪念日、大屠杀纪念日、犹太新年、赎罪日等重要的国家或宗教节日，便在此举行纪念活动或宗教仪式。

1981年哭墙被列入《世界遗产名录》。

爱因斯坦也见到了巴勒斯坦的新生活。他访问了医院及幼儿园、农业学校、现代化的报纸与银行。他看到了新社区，那儿的年轻男女以农机及最新的农业技术征服了当地贫瘠的土地。

他不仅在希伯来大学度过了愉快的时刻，在特拉维夫市也同样高兴。特拉维夫是当时世界唯一一个全部由犹太人组成的城市，城内的每种工作都由犹太人担任。在那儿，他们可以自由选择职业，不会像在欧洲时那样受到压迫。但爱因斯坦博士并未被兴奋冲昏了头脑，他对当地的几种情况感到不安，并认为那是巴勒斯坦理想生活中的缺点。他的批评为教友们所憎恨，但他们仍然赞扬他是那个时代最伟大的一位犹太人。

爱因斯坦夫妇是塞缪尔子爵（英国指派的巴勒斯坦总督）的贵宾。塞缪尔子爵身为英国皇家代表，享受着皇家尊荣。每当他离开官邸，人们都要发射礼炮致敬；不管他在耶路撒冷的什么地方旅行，骑兵们都要在沿途护送。这时，爱因斯坦已经学会不去理睬那些他认为是毫无意义的繁文缛节。但艾莎，由于长期以来公开露面，突然产生了反抗的心理。

"我只是一个单纯的德国家庭主妇。"她愤愤地说，"我喜欢自然而舒适的生活，这种死板的正式气氛，让我感到很厌烦。我丈夫是一位著名的人物，他可以不顾某些礼节，人们会说，因为他是一位天才；但是，如果我不遵守某项礼仪，人们就会说我缺乏教养。"

她愈说愈激动："报纸记者在厌烦了为我丈夫编些愚蠢的报道之后，就开始对我乱加报道。因为我有近视的毛病，某位记者就说，在一次公开宴会上，我错把盘子旁的树叶看成是青菜，而且把它当成沙拉，拿起来大吃特吃。"

爱因斯坦夫妇回国时，是搭船沿着美丽的地中海海岸悠闲地航行，他们很高兴暂时摆脱了受人注目的社交生活，彻底地享受着航海之乐。他们抵达马赛港时，艾莎急着要赶回家。但爱因斯坦喜欢当地浪漫的景色以及西班牙的艺术瑰宝，忍不住接受邀请，前去访问西班牙。

西班牙国王阿方索十三世

在马德里大学，他又接受了一项荣誉头衔。到此时为止，他已接受了许多荣誉头衔。“这是不是国家间已互相达成和平谅解的积极信号?”他心里想。在战争期间，西班牙一直和德国维持着友好的关系，大家都知道爱因斯坦是位犹太人，他的同胞在1492年曾被西班牙驱逐出境，开始过着流亡生活。即使是20世纪初，也只有少数的犹太人住在西班牙。但西班牙的一些著名学者却推选爱因斯坦担任西班牙学院的委员，西班牙国王阿方索十三世曾在皇宫召见他。奇怪的是，这位不负责任只知享乐的国王却真的十分仰慕这位不拘小节的教授。爱因斯坦对待阿方索国王没有什么特别之处，像在旅途中对待其他人一样。他在漫长的旅程中，曾见过日本皇后，也碰见一名印度脚夫要求他多赏些小费。他对任何人都一视同仁。他的温情和真诚，赢得了所有人的尊敬和信任，他从未想过要取悦任何人，始终保持着自己纯真的本色。

荣获诺贝尔物理学奖

爱因斯坦知道，在德国仍有许多敌人歧视及嫉妒他。但当他回到德国以后，却发现他在祖国的名声已比以往更为稳固并不断增强。因为当他还在东方旅行期间，已经荣获诺贝尔物理学奖。

1922年秋天，阿尔伯特·爱因斯坦荣获了诺贝尔物理学奖，但他并不是以相对论的发现者获得这项大奖。因为诺贝尔奖评审委员会认为，要正确评定那项引起广泛争论的理论的价值，仍然为时太早。诺贝尔奖评审委员会在说到他得奖的原因时只提及他早期在瑞士发表的一篇论文，以及赞扬他在光电效应定律及理论物理学方面的杰出表现。他们强烈攻击相对论，但他们仍然宣称："……他在其他方面的成就业已为他在科学史上获得永恒的地位。"

造型很酷的爱因斯坦

爱因斯坦除了获得这项殊荣之外，还获得大约四万美元的奖金。他的收入本来就够多，现在又加上了这笔额外收入，但他并未改变简朴的生活习惯，他不知要如何生活才会像是一个富人。“上帝并不喜欢奢华的生活。我相信他甚至痛恨奢侈。”他有一次说。爱因斯坦只在捐献或从事私人慈善事业时，才会显得特别大方。

爱因斯坦获得这项荣誉之后，大部分德国人把他当作偶像来崇拜。德国这个战败的国家，正处于饥饿、不安与耻辱的境况中，而他们的一位教授却获得了这项世界性的荣誉。爱因斯坦是第一次世界大战结束后，第一位获得诺贝尔奖的德国人，每个德国人都陶醉在这项新荣耀中。

爱因斯坦回到柏林后，仍然热心支持那些和平主义者，他们企图阻止另一场恐怖的战争，可惜，没有效果。一度骄傲的德国人对于法国军队占领鲁尔区深感耻辱。经济萧条的气氛弥漫全国，以前的商人及职工都在街上乞讨，人民在绝望中站起来反对新日耳曼共和国的领袖。这种日渐严重的混乱情势所造成的第一位重要的受害者，就是外交部部长瓦尔特·拉特玛，他被政敌所杀害。

爱因斯坦和友人交谈

爱因斯坦对于这位好友兼真诚的自由派政治家遭此横祸深感震惊。他同意许多人的说法，拉特玛之所以遇害，不仅因为他是自由派，更因为他是位犹太人。爱因斯坦知道，反犹太主义是一种危险的病态。他觉得连拉特玛这样的好人都没有被放过，只有因为他有犹太血统，不难预料，这种疾病将会继续蔓延，最后，德国境内每一个宗教及政治上的少数派都将遭到迫害。

爱因斯坦还曾于知识促进委员会成立之初受邀，和来自世界各地的其他著名科学家及作家共聚一堂。这个委员会隶属于国际联盟，设立初衷是希望能为促进世界和平而努力。但一年后，爱因斯坦辞职了。他是个理想主义者，以为能以此种方式谋得和平，结果发现，国际联盟利用其影响力照顾其强大会员国的利益，对于弱小国家却没有任何贡献，甚至未曾为他们提供任何保障。

爱因斯坦觉得，只有国际和平才能实现国际正义。如果有足够多的青年参加反战，战争就不会发生。当他参加“国际反战组织”时，曾写下这么一段话：“我请求所有的人……宣称他们拒绝对战争或备战提供任何更进一步的资助。我请求他们写信把这项决定告诉他们的政府，并请通知我，他们已这样做了……我已获得授权成立爱因斯坦反战基金会。”一连许多年，他都投入大笔金钱并利用自己的声誉支持反战基金会。

爱因斯坦的许多朋友认为，这样做是一种不爱国行为，他们宣称：“如果我们的国家再度陷于危险，我们应该准备保护它。”爱因斯坦却认为，知识分子应该领导一项倡导和平的活动，使将来不再发生战争。

但柏林许多科学家急于发泄他们的旧仇恨，谴责爱因斯坦访问英国及法国，并和祖国的敌人维持友好的关系。爱因斯坦博士的支持者亦遭到同胞们的谴责，因为他们对“杀害我们儿子的外国人”表示尊敬。爱因斯坦对国与国之间的仇恨心理愈来愈感到困扰，他的本意是希望通过科学研究使这些国家更为亲近。

他知道，在某些政治团体里已经出现了敌人，但一般民众仍然爱戴他，令他大感欣慰。他们仍然前来向他请教及要求帮助——一位女演员希望借着他的影响力，在剧团演出中获得一席之地；一名男子由于得不到签证，无法移民美国，也来请求他帮忙。不过，爱因斯坦接到的信件中，并不全是请求帮助的。也有一些是说“我生了一个儿子，如果准许我以你的名字替他命名，将感无限荣幸”，或“我刚为我最近推出上市的雪茄取名‘相对论’，相信你一定感到很高兴”。

通常访客上门时，正是他忙完一天的工作，准备拉拉小提琴，或是阅读他所喜欢的某本书的时候。他也许会浏览莎士比亚的一出戏剧，或是希腊剧作家的某一剧本，现在他已能欣赏他们那种平静的智慧了。或者，他也会再读读《堂吉诃德》，因为他对这位狂热的西班牙武士的冒险永远也不会感到厌倦。许多人嘲笑堂吉诃德，有人说他疯狂，爱因斯坦则把他当成英雄，因为他和堂吉诃德同样是充满孩子气的理想主义者。他同情这位企图向风车挑战却屡屡失败的高贵武士。

爱因斯坦教授接待访客时常常穿着舒服而宽松的外衣（只要能逃过夫人那双锐利的眼睛，他经常都会不穿袜子），仰靠在客厅中他惯坐的椅子上，耐心地聆听某一位访客畅谈他最近的一次实验，或是听一位经济学家叙述一项如何使德国免于遭受经济崩溃的新计划，或是某位政治家激动地大谈如何在旧社会的废墟上建立一个新社会，也可能是某些新成立团体的领袖们要求爱因斯坦支持他们并给予资助。有时候，来访的是一位著名的音乐家，他就打开钢琴，拿出小提琴，在优美的音乐旋律中，寻找内心的安宁与力量。这时乐声会从窗户飘出，飘向宁静的街道。

有时候，他的声誉也为他带来困扰。当玛嘉特出嫁时，她坚持爱因斯坦博士应代表她已死去的父亲，在婚姻注册局的仪式中，把新娘交给新郎。教授虽然抱怨这将占去他部分研究时间，但他仍然答应了。

“但是，你可别想要我戴上高高的大礼帽，或是穿上大礼服。”他向玛嘉特警告说，“我还是穿平常所穿的那套舒适的便装。你放心，这并没有什么关系。在婚礼上，大家只会注意新娘，谁也不会注意我的。”不料报社的记者却都涌进注册局，成为一群不请自来的吵闹客人。爱因斯坦说没有人会注意新娘的父亲，他的预测错了。穿着漂亮结婚礼服的玛嘉特被人忽略，报社记者们围在穿着舒适、宽松便服的爱因斯坦教授身旁，并坚持要访问他。他被迫浪费了宝贵的时间，对此感到厌烦无比，最后好不容易设法溜了回家。

“为什么大家对我的私生活如此有兴趣?”他喃喃说道。

没有人能够解释，为什么大众永远不厌倦于在报纸或杂志上看到爱因斯坦的照

英国数学家、哲学家伯特兰·罗素（1872—1970）

片，或是阅读有关他日常生活的琐碎报道，历史上很少有人能够完全吸引全世界的注意力。“每个人都知道爱因斯坦有惊人的成就，”罗素评论说，“但很少有人知道，他究竟有些什么成就。”也许这位英国哲学家兼科学家已经揭示了爱因斯坦如此广受欢迎的原因：街上的人们对他的成就知道得少，甚至一无所知，但他却像魔术师那般引人注意，他神秘的成就更使人对他本人发生兴趣。

艾莎继续站在她丈夫和大众之间充当保护墙。她在一次访问谈话中说：“要当这个人的妻子，还真不容易。他很顽固，却又像个小孩子，必须要好好管住他，但又绝对不能让他知道我在管着他。”

因此，爱因斯坦夫人不得不继续从许多访客中挑选出他可能愿意接见的客人。当他的胃病又发作时，她亲手替他调制他可以吃的食物。她督促教授获得充足的睡眠并适当运动。她跟海伦·杜卡斯（她担任教授的秘书许多年）处理他的许多来信，把应该由他自己拆阅的信件放在一边，来自其他国家需要翻译的，则另放一处。这项工作要占去整天的时间，为了做好这项工作，她被迫放弃自己的嗜好——阅读、音乐及社会工作。

“他比较重要。”她在一次访问谈话中下结论说，“跟一个像他这样的科学家住在一起，虽有许多困扰，但也有很多趣事。”

也许，爱因斯坦夫人对她丈夫最大的服务，就是她能够以很巧妙的方法使他不要在书房内专心研究太长的时间。每当他坐上那张最心爱且已磨损不堪的椅子后，他常常会忘记究竟坐了多久的时间。有位天文学家告诉爱因斯坦，自己有时候每天工作八到十小时。爱因斯坦说：“我无法工作那么久。”他相信自己每天工作的时间并不超过五个小时。但他有个习惯，在离开书房后，脑海里往往仍继续思索一个问题。

他经常专注于计算工作，以至于无法回答一项最普通的问题。当他正在思索与他的研究工作有关的事情时，如果有人打扰他，他往往会大吃一惊。

他经常在妻子的催促下出去散步，而走得忘了回家。天气如何变化，对他似乎没有任何影响，他乐于一面散步，一面让雨点打在脸上。

很多次，当他回到家之后，立即冲进书房，因为他在刚才散步时解决了一个复杂的问题，现在正急于把它写在纸上。

玛嘉特现在是一位职业雕刻家，她的作品曾在柏林、巴黎及伦敦展出，受到普遍赞扬。爱因斯坦本人也是一位艺术爱好者，因此也陪着继女参观许多柏林艺廊。参观展览及观赏戏剧，是他的主要消遣。

在平时，音乐是他最大的乐趣。在旅行途中，他最怀念的是钢琴。当他从东方旅行归来之后，身上穿着外衣，戴着帽子，就立即在客厅里坐下来，演奏起莫扎特的音乐，而由艾沙去处理行李。

居家时的爱因斯坦

有一次，他应邀在一处德国小镇举行的慈善会中独奏小提琴，当地报纸的一名记者问说：“这位来访的音乐家究竟是谁?”被问的这人感到十分惊讶，德国竟然还有人认不出这位诺贝尔奖得主，他说："你不认识他吗？他就是伟大的爱因斯坦。"

这位新闻记者自认已经获得了足够的资料，于是在其第二天刊出的报道中感叹，这位伟大的音乐家爱因斯坦所表现的演奏技巧"是举世无双的"。又发表狂言说："另外一些所谓的小提琴天才，如果昨晚也在场聆听这位最杰出的大师演奏的话，他们将被吓得脸色苍白。"

爱因斯坦读到这篇特殊的音乐评论之后，不禁哈哈大笑。虽然他从来不曾炫耀自己所获得的荣誉与学位，但这次他却拿了剪报给每个人看。他说："目前流行的一则笑话，也许有点儿道理：世界上最伟大的小提琴家海菲兹，打算放弃音乐改习'相对论'，因为爱因斯坦似乎已打算放弃物理学改学音乐了。"

爱因斯坦在慕尼黑求学时，就不喜欢游戏或其他方式的运动。但当年岁渐长后，却对航海产生了很大的乐趣。他在驾驶仰慕者在他五十岁生日时所赠送的游艇出海航行时，获得了极大的乐趣。这艘游艇是由爱因斯坦精心设计的，他穿着皮质运动夹克（这副打扮经常出现在照片上），在海上度过了许多愉快的航行时光。有时候与少数几位最要好的客人在一起，有时候则是单独一人出海。

在他五十岁生日的那一天，爱因斯坦博士获得了来自世界各地的贺电。他很高兴，艾莎已经同意，由于他的健康情况不佳，所以不打算举行公开的庆祝会。在过去几年内，爱因斯坦从事太多的工作，不免体力透支。比如他曾经到过瑞士，向一所疗养院中的年轻人发表一系列的演说。院内的这些年轻病人因患病与外界隔绝，现在他为他们枯燥的生活带来了新的乐趣。

但是，瑞士疗养院的行程使他患上了严重的心脏病。爱因斯坦因此在床上躺了四个月之久。要他放弃全部的讲学以及为国际和平所进行的努力，是相当困难的。不过，这段时间过得并不慢，因为他仍然可以靠在垫高的枕头上研究他的磁场能问题。他以典型的科学性好奇心，向他的医生提出许多有关医疗的问题，逼得那位好心的医生只好随便说些好玩的事来哄他，而不必费神去思索合理的答案。

到了 1929 年 3 月 14 日，爱因斯坦一家人决定享受一些小小的家庭乐趣。“我们简直没有一点私人生活！”艾莎抱怨说，“我们不能上餐馆、旅社或剧院。走到哪里，别人都会朝着我们看，令人不自在。”她向一位朋友请求帮助，因为这位朋友在柏林附近的哈维尔河畔拥有一片很大的产业。这位朋友欣然答应把园丁的小屋让他用，因为那座小屋相当隐蔽，附近还有一个小湖泊。爱因斯坦计划的庆祝节目是：驾驶游艇，在安详宁静的气氛中休息，弹奏风琴。

连续好几天，卡片和电报不断地涌到柏林公寓，向这位“国家英雄”致敬。送来生日卡的包括：德国总理本人、政府官员、各国的学者与科学家、受他援助的各个团体的领袖，当然，还有爱因斯坦各界的朋友。然而，最令他感到高兴的祝福，却是来自那些谦卑的无名仰慕者——学生以及类似缝衣女工的普通劳工。有一张卡片中还附上一小包烟丝，便条主人写道，自己现在失业，但存了几分钱，买了这个礼物。爱因斯坦回答，他的礼物“相对”较小，但这些烟丝却来自很好的“场”(field，又意为“田地”)。

“好极了！至少他知道我是干什么的。”爱因斯坦博士欣慰而感叹地说。他在还没有向皇室及世界各地科学界领袖们的祝贺信表示谢意之前，就首先提笔向他众多礼物中最简单的一份的赠予者表示感谢。

还有一封信也令他十分高兴，那是美国寄来的。当地的一群犹太复国主义者募集了一些钱，但不是为了购买礼物送给爱因斯坦，而是要在巴勒斯坦种植一些小树丛，并以爱因斯坦的姓名为这些树丛命名。玛嘉特为他做了一个蜡像，也很令他喜爱。另外一件珍贵的礼物是一具显微镜，爱因斯坦像小孩子般兴奋而性急，他刺破手指，好奇地透过显微镜，凝视着神奇的血滴。看完血滴，他又转过头去欢迎唯一的一位访客、一个住在附近的小男孩，他高兴地把一束采摘自花园的鲜花呈献给爱因斯坦。

艾莎把这束鲜花插在餐桌上的一个花瓶里，她为丈夫准备了他最喜爱的汤、鱼和馅饼，她觉得很抱歉，但又不得不禁止他在愉快的生日里喝咖啡和酒。她甚至想到那几瓶送到他们柏林公寓的珍贵的葡萄酒。但由于爱因斯坦最近生病，他无法享受这些美酒。

演奏中的爱因斯坦

玛嘉特和爱尔丝跟她们的丈夫一起前来参加这个生日聚会。大家欢笑、说故事，并愉快地举杯祝贺这位“过生日的小孩子”。

爱因斯坦喃喃地

说：“德国的每个人都对我实在太好了！”

不仅是个别的德国人，整个德国都在庆祝爱因斯坦五十岁生日，人们纷纷向他致以最高的敬意。在柏林郊区波茨坦的一处小山上，耸立着一座现代化的高塔建筑，是用来观测星星的，这座天文台即以爱因斯坦之名命名。为了对他表示尊敬，现在他们又在那儿举行一场盛大的仪式，在仪式中安置了一尊爱因斯坦的半身铜像。

但是，柏林市所赠送的一份礼物，给这位教授带来的苦恼却多于快乐。由于大家都知道他喜欢驾驶游艇，因此柏林市送给他一处靠近哈维尔河的小产业，距柏林不远。这处产业包括一栋漂亮的房子，在此度暑假似乎最理想不过了。爱因斯坦一家人都很高兴。柏林市民羡慕地看着刊登在报上的那栋房子的照片，也觉得这是送给这位为他们带来如此荣耀的科学家的最佳礼物。

但是，原来居住在河边这栋舒适房子的居民却并不如此热心。当爱因斯坦夫人去看这栋房子时，并未受到房子主人的欢迎。他们告诉她，当柏林市政府买下他们居所四周的小公园时，市政府曾向他们保证，他们可以继续住他们的老房子，要住多久就住多久。他们表示，可能要住很久，因为他们根本无意搬出去，即使是为了取悦伟大的爱因斯坦博士，他们也无意这样做。

市政府对于他们所赠送的产业竟然不包括房子在内，感到十分难为情，于是提议说，市政府所拥有的这一处公园面积很大，可以建造好几栋房子。那地方位于哈维尔河流过的湖泊旁边，风景甚是宜人，很适合喜爱驾驶游艇的人。市议员们又说，

身穿西服的爱因斯坦

由于他们并未打算兴建一栋新房子，目前只能把土地送给他，爱因斯坦必须自己盖栋房子。

爱因斯坦一家表示同意。但原来那栋房子的主人（他的房子现在被称为“爱因斯坦之屋”）却宣称，市政府曾答应过他，不会在他的房子附近搭建任何新房子。他似乎担心，其他房子可能破坏了他观赏湖边的景色。

在此情况下，市政府不得不另觅他处。当市民们获悉市政府竟然没有合法权力处理他们所赠送的财产时，都对市政府发出揶揄之声。

这一次，市政府的一名代表告诉爱因斯坦：“为了确定我们将要赠送给你的土地的确属于我们，你是否可以自己选择一块适合你而又确实决定出售的土地？然后，我们可以买下来送给你。”

爱因斯坦从不曾做过生意，他忍不住开始怀疑，为什么一向以高效处理市政闻名的市政府，现在却如此拖泥带水？他无奈地告诉他的妻子，要她选一块她所喜欢的土地，“但一定要靠近水边”，然后又回书房研究去了。艾莎选定了距柏林不远的卡普斯村内的一处地点。市政府立即同意，并认为她的选择合乎各方面的要求。

但这件事并未就此结束。市议会中的一名代表公开发表一篇声明，宣称，爱因斯坦教授并不值得接受如此贵重的礼物。但市议会中爱因斯坦仰慕者并不同意这种说法。结果，此事竟然引发了政治争论，很多报纸也为此争执不休。市政府不敢匆忙做决定，准备在市议会下一次会议时再对此事讨论。

这时候，即使是爱因斯坦本人也忍不住发起脾气来。他终于明白，虽然柏林许多有影响力的人士都站在他这一边，但他在议会中的敌人一定从一开始就反对赠送他这份礼物。他把桌上的文件推开，开始写下这封信："亲爱的市长先生，人的生命极为短暂，而政府办事却相当缓慢。我觉得如果遵照你们的方法，由于我的生命太过短暂，可能无法享受。我谨谢谢你们的盛情，现在我的生日已经过去，我心领你们的美意，请不必再提礼物的事了！"

为了不使自己成为政治争论的中心，而且也为了结束这件不愉快的事，爱因斯坦自己买下了他妻子所选择的那块土地，自己花钱建了一幢简单的房子。跟大多数柏林人一样，他觉得报纸上有关这次事件的漫画相当有趣，画的是他自己、"礼物房子"以及"痛苦的市政府"——由于他们做事拖泥带水，而赢得这项不雅的称呼。

卡普斯村的房子是一处纯家庭式的建筑，艾莎将它布置得简单而舒适，正好与优雅的柏林公寓相反。教授选了楼下的一个房间作为卧室，又选了一处作为书房和工作间，四周墙壁摆满了书。他的书桌就放在一扇大窗子前，只要抬起头来，就可以看到窗外美丽的景色。

从他们的住所出发，只要几分钟的时间，就可走到码头，而他那艘"礼物游艇"就停在港内。当他出航时，只有一件事令他感到不愉快——其他船上的陌生人经常驶近爱因斯坦的船并拍摄他的照片。但村民们并没有索取他的照片或签名，这令他感到十分高兴。村民们很快就习惯了这位神情愉快、衣着随便的城里人。每当他走进村民当中时，他的银发随风飘动，他会很愉快地说声“你好!”，并经常停下来和小孩子说话，拍拍他们的头。

爱因斯坦博士和他的夫人深爱着这片宁静的自然美景。艾莎告诉一位朋友：“我们把大部分积蓄都花掉了，现在我们没有钱，但有自己的土地和财产，这使我们有了更大的安全感。”

她比自己的丈夫更有信心。爱因斯坦很少谈到他对德国或整个世界的恐惧。世界各国虽然已经签署了《凡尔赛条约》，但一直未能达成真正的和平。他从东方旅行回来之后才知道在马赛街头说德语非常危险，这件事使他很难过。如今法国人与德国人已经开始互相攻击，同时德国城市中的不安情绪也越来越强烈，在这种情况下，一个人怎能企求安全？

在那次漫长而愉快的旅程中，他一直担忧着这场即将来临的风暴，但现在他转过头对艾莎说：

“这一切都像是一场梦！在我们清醒之前，且先享受目前的一切吧。”

背景知识

诺贝尔奖

诺贝尔奖是以瑞典著名化学家、工业家、硝化甘油炸药发明人阿尔弗雷德·贝恩哈德·诺贝尔（1833—1896）的部分遗产作为基金创立的。诺贝尔奖包括金质奖章、证书和奖金。

诺贝尔生于瑞典的斯德哥尔摩。他一生致力于炸药的研究，在硝化甘油的研究方面取得了重大成就。他不仅从事理论研究，而且进行工业实践。他一生共获得技术发明专利355项，并在五大洲的20个国家开设了约100家公司和工厂，积累了巨额财富。

1896年12月10日，诺贝尔在意大利逝世。逝世的前一年，他留下了遗嘱。在遗嘱中他提出，将部分遗产（3100万瑞典克朗，当时合920万美元）作为基金，基金用于低风险的投资，以其每年的利润和利息作为物理学、化学、生理学或医学、文学及和平五个奖项的奖金，授予世界各国在这些领域对人类做出重大贡献的人或组织。

诺贝尔和平奖的评选结果每年都是早于其他奖项最先公布的，这反映了和平奖的重要性。诺贝尔因发明硝化甘油炸药而致富，他本希望该发明广泛用于工业建设（如采矿、建筑等），但很可惜，他的发明竟被用于战争。在生前，诺贝尔希望全世界的科学家，不论工作的领域是什么，都应该为人类和平贡献力量。

1968年，瑞典中央银行于建行300周年之际，提供资金增设诺贝尔经济学奖（全称为"瑞典中央银行纪念阿尔弗雷德·伯恩德·诺贝尔经济科学奖"，亦称"纪念诺贝尔经济学奖"），并于1969年开始与其他五项奖同时颁发。诺贝尔经济学奖的评选原则是授予在经济科学研究领域有重大价值贡献的人，并优先奖励那些早期做出重大贡献者。

1990年，诺贝尔的一位重侄孙克劳斯·诺贝尔又提出增设诺贝尔地球奖，授予在环境保护、环境治理方面有杰出成就者。该奖于1991年6月5日世界环境日首次颁发。

再次访问美国

1930年，爱因斯坦博士接受邀请，前往美国加州帕萨迪纳的加州理工学院住几个月。美国和欧洲科学家每年要在这所学院的古典式建筑内集会一次，彼此交换自己研究范围内的一些观念及对将来发展的看法。爱因斯坦很高兴将会晤阿尔伯特·迈克尔逊博士，他当时已七十八岁，但对科学仍有极深的爱好，继续从事着研究工作。他有关光波的实验已被证明在许多年前对爱因斯坦产生过极大的启示作用，因此，中年的爱因斯坦仍然把这位美国物理学家尊奉为自己的老师。

爱因斯坦和他的妻子艾莎（摄于1926年）

爱因斯坦和他的妻子登上“贝尔京兰号”准备前往北美大陆时，忍不住大吃一惊，因为船东已把船上最豪华的套房分配给他们使用。他看着那些豪华的家具、闪亮的酒杯、巨大的水果盘以及高高的花瓶，忍不住转过头，愤怒地对他的妻子说："艾莎，这是不对的！让我跟那些工人们坐在一起旅行，会比较愉快一点。而跟这些昂贵而无用的家具在一起，会觉得难过。我们去告诉服务生，替我们换一间比较小而简单的房间。"

艾莎像往常一样，希望他不要冲动。

她劝说："船东这样做，是因为他们想要向你表示敬意。你是他们的贵宾，如果你坚持要换间较小的套房，一定会使他们伤心。你一向和气而体贴，当然是不愿这样做的，是不是？"

确实是的，他一向不愿伤害任何人的情感，不管冒犯他的是轮船公司的船东，或者是餐厅那位坚持把皇室专用的特级房间开放给这位贵宾参观的侍者。爱因斯坦有点怀疑地告诉妻子，希望他不曾冒犯了这些可爱的美国人。因为他在搭船之前，曾发表了一篇声明，声明中说，自己在纽约停留的短暂时间内，将拒绝接受一切邀宴。他说，他到美国是去休养与研究的，而不是去参加酒宴和接待会的。并且，他以罕见的坚定口气说，他绝不接受访问。

这艘大邮轮向西航行途中，爱因斯坦接受提议，向美国民众发表了一篇广播声明，他说："相隔十年，我今天早晨再度踏上美国的土地，脑海中所想的是，贵国经过辛苦努力，已在世界获得极为重要的地位……贵国今天的政治与经济情况，已使你们可以消除军事暴力的恐怖传统……这也是贵国眼前的重大任务。"

爱因斯坦认为，这篇声明应该可以满足大家，报纸也将因此不会再要求他从事恼人的访问了。没想到，他还未下船，立即被一群兴奋的记者团团围住。他形容他们是一群野狼，每个人都企图咬他一口。这位赴美访问的贵宾本人也十分引人注目——满头银发四处飞扬，两眼炯炯有神，时而愉快地眨眨眼睛，时而陷于沉思，高高的额头布满智慧的皱纹，脸上的神情相当怪异，混合了聪明睿智与天真。

爱因斯坦接受访问的照片

艾沙花了一番心思把她的丈夫打扮得颇为体面，他穿着黑西装、白衬衫，上面有老式的褶纹，头戴黑色宽边帽。这群“野狼”望着爱因斯坦，爱因斯坦则皱着眉头回望着这群“野狼”。

即使是一向动作敏捷的艾莎也无法把这些人赶走。教授终于承认抗争失败，他面带微笑，愿意接受十五分钟的访问。记者们的提问既快又迅猛。

“能否请你以一句话为你的相对论下定义?”一位记者问道，他停下钢笔等待爱因斯坦的回答。

爱因斯坦笑着回答：“即使花上三天的时间，恐怕也无法下一个简短的定义。”

“你为什么没带着你的小提琴来?”

“我们要经过巴拿马运河前往加州，我担心那儿潮湿的热带气候可能会伤害到它。”

“你在美国会快乐吗?”一位新闻记者问道。

“如果你们各位能让我看看美国，我将会很高兴。”爱因斯坦笑着告诉他们，“由于你们诸位一直挤在我身旁，我只能从你们的头上望出去，捕捉一点儿天空的景色。”

“十五分钟已经到了。”爱因斯坦夫人看看手表，提出警告说。

“再问一个问题，”一位记者抢着问，“你是否认为，美国妇女……”

“不再回答问题了，”爱因斯坦宣布说，“即便是一头乳牛，也只能提供这么多的牛奶，你们已把我榨干了！”他试着从热情的人群中挤出去。记者们开始把笔记本收起来，但摄影师却提起他们的照相机，挤到爱因斯坦和他的译员身旁，说：“请露出愉快的神情。”尽管爱因斯坦已感到不耐烦，他仍然耐着性子显露出微笑。照相机咔嚓作响。一位摄影记者把爱因斯坦上次访问美国期间所拍摄的一张照片拿给他看。“你们冲洗照片可真快！”爱因斯坦开玩笑说。然后，他突然以橄榄球选手的速度突出重围，冲入他的房间。

一位记者紧跟在他后面，并轻轻敲着房门。爱因斯坦把门打开，他轻声说道：“走开吧！”仿佛是对一个顽皮捣蛋的小孩子说话一般。“拜托，请马上走开吧！”

“很抱歉打扰你！”这位年轻人喃喃说道，“但我来晚了一步，刚才没有能够采访到。如果明天纽约每家报纸都登出了访问谈话，而只有我没有，我可能会被炒鱿鱼。”

“你可真烦人！但我不希望你为我而惹上麻烦。”爱因斯坦博士回答说，“进来吧，我将回答你那些愚蠢的问题。”

他尚未把房门关上，又有另外一位年轻人溜进舱房来。在爱因斯坦发表谈话时，这位不请自来的客人匆匆为他画素描，画完之后，这位画家把画像拿给他看，并请求他在画上签名。爱因斯坦犹疑了一会儿。他相当生气，因为他特别痛恨这种素描，但却喜欢写写打油诗，这时忍不住手痒。

这位相对论的作者向记者借了一支笔，然后在画纸上迅速写下一小段艺术评论。大意是说：你所看到的这头肥胖的猪大概就是爱因斯坦教授本人。

这两个年轻人欢天喜地离去了。爱因斯坦转过身子对他的妻子，扮了一个鬼脸。

“我还说不愿接受访问呢，”他叹了一口气说，“我恐怕无法在纽约过个宁静的假期了！”

果然，这个“假期”是最为累人的一次。最先开始的是在市政厅举行的正式欢迎会。参加这场为爱因斯坦举行的聚会的人有，市长华克、德国领事、洛克菲勒、哥伦比亚大学校长巴特勒博士等。

巴特勒在致欢迎词时称，这位来访的科学家为世界树立了一座“智慧的灯塔”。爱因斯坦很高兴巴特勒在演说中强调国际主义，巴特勒说：“他（爱因斯坦）所统治的领域并不受高山大海的限制……他的声名远播之处以及他的权威所行之处，既没有飘扬任何一

演讲中的爱因斯坦

面国旗，也没有通行哪一种特定语言。这是一项至高的理想，每个民族的男男女女，不管尊贵或卑贱，在他的国度，都是一视同仁。”

“人类一向急于寻求光明及领导人，以便能够更为妥善地处理人类所面临的严重问题及情况。在目前这一时刻，我们举手向这位影响力超乎一切的人士致敬。这位来访的思想君王和这些神秘的思想有直接关系，也唯有天才人物，才能清楚了解并完全遵循。”

巴特勒校长向大批听众说，爱因斯坦已经拒绝了在哥伦比亚大学任教的邀请，因为他思乡情切。那位德国领事听到这段讲话，禁不住露出骄傲的笑容。当乐队演奏起德国国歌时，爱因斯坦突然怀念起故乡来。他十分反对德国日益抬头的军国主义思潮。但在那一刻，他觉得德国将永远是他的祖国。

爱因斯坦以为，在纽约这个大城市里，他可能不会受到注意。但是，照相机却不断跟着他咔嚓作响，不管走到哪儿，都会有人认出他来。他前去参观大都会艺术博物馆时，大批群众紧跟在他后面，从一个展厅走到另一个展厅，他根本无法欣赏博物馆内的艺术品。他被安排前去参观唐人街时，也遇到了同样的麻烦。他前往欣赏歌剧，引起观众注意的是爱因斯坦，而不是剧中的女主角。在表演过程中，全体观众站起来鼓掌欢呼，逼得爱因斯坦也只好从他的包厢中站起来，挥手向观众致意。

爱因斯坦博士和他的妻子，很高兴他们在帕萨迪纳可以获得宁静与休息。他们对加州的每样东西都很喜欢，天气良好，跟柏林阴冷的冬天正好形成强烈的对比，美丽的太平洋景色更是令人心旷神怡。爱因斯坦愉快地发现，在加州，他可以安静工作，不必离开书房去参加烦人的酒会和观光旅行。

附近的某些富人却无法了解教授渴望独居的心情。幸而爱因斯坦博士懂得如何以英文及其他多种语言说“不”。

有位社交界名媛决定在晚宴上款待阿尔伯特·爱因斯坦，以增加她个人的荣耀。

“星期一，可以吗?”她问道。

“星期一，我另外有约。”他老老实实地回答，因为他痛恨说谎。

“也许，周二，或周三?”她急着问道。

“星期二和星期三，要到学校去开会。”

“多可惜呀！你不能改个日期吗?”

爱因斯坦无力地摇摇头。

但她仍然充满希望地说：“不过，也许你礼拜五晚上有空。”

“礼拜五晚上，我已答应陪我的朋友迈克尔逊博士去威尔逊天文台，从望远镜中观察星星。”爱因斯坦耐心地告诉她。

这位女士继续说：“但是，你要知道，加州这儿现在正是雨季。”她提醒爱因斯坦博士说：“星期五晚上可能会下雨，到时候，如果不去研究星星，应该可以答应我的邀请吧。”

爱因斯坦笑得十分高兴，即使是那位女主人知道他一定是在说笑。“不会下雨的，迈克尔逊已经全部安排好了!”他肯定地说。

但他不会拒绝放下工作和几个知心朋友在晚上享受音乐。他不常看电影，但对于《城市之光》这部影片却极其欣赏，他曾以该片的制片人及演员卓别林的贵宾的身份参加首映典礼。他也抽出时间和其他的教授进行非正式的会谈，尤其是密立根博士，他以前是迈克尔逊博士的学生。

密立根出生于伊利诺伊州的一个小镇，并在芝加哥大学担任讲师。他后来在芝加哥大学担任教授，并继续从事电子学研究。1923 年因为在 X 光方面的重大发现，而获得诺贝尔奖。此时他是加州研究所所长，因此他有办法替来自异国的科学家们解决任何困难。在他的热情接待之下，这位德国科学家立即感觉到宾至如归。

美国喜剧大师查理·卓别林（1889—1977）

在另一方面，艾莎发现她在帕萨迪纳的生活也同样愉快。她很喜欢鲜花，而加州南部四季常青的花园永远令她感到惊叹及高兴。她在社交方面的应酬比在柏林时少，于是有更多时间陪朋友外出观光。她在一篇投给某美国家庭杂志的文章中，很感激地提到她的新邻居。

她在这篇文章中提到，由于家里很多家务劳动都可以靠机器操作，因此美国的家庭主妇有很多的空闲，她对于这一点感到很惊奇。她提及她在帕萨迪纳购物时的情景说：“一家商店内，各种货品应有尽有，而且每样东西都清清楚楚地标上价格。”她赞扬美国妇女在社会工作方面的努力，赞扬她们能够大方地鼓励年轻的学生及作家对艺术投入真诚的兴趣。

艾莎跟她的丈夫一样，等到他们必须收拾行李离开美国时，不禁觉得万分惆怅。送别的礼物开始从四面八方涌来，成篓的橘子和柚子（这是加州最骄傲的特产）、印第安服饰及篮子、亚利桑那州化石林的漂亮化石、罕见的仙人掌（赠送者坚持说，他们回到德国之后，仍然可以把它加以移植），甚至还有人赠送几把小提琴，其中一把，据估计价值 3.3 万美元。爱因斯坦认为必须对此婉拒。他说，像这种高级的小提琴，只能由大师来使用。他对自己会收到如此贵重的礼物深感困惑。他又想起了一位好心的英国地主，这位地主听说爱因斯坦非常喜爱烤羊肉，竟然远从英国千里迢迢地送了半头羊到帕萨迪纳。“为什么陌生人也会对我如此好?”爱因斯坦真是想不透，他忍不住这样问自己。

在爱因斯坦临上船前，一位记者向他询问有关德国的政治情况。这位记者问道，听说希特勒的影响力已逐渐增加，这是不是真的?德国是否也将像墨索里尼统治下的意大利，成为另一个法西斯主义国家?

爱因斯坦思索了一阵子，然后给出了谨慎的回答。他从未参与德国政治，但还不至于自禁于研究室中，以至于忽视了祖国的动乱不安正在逐渐加剧。他担心他所说的话被人误解，因此拒绝讨论希特勒。

“我并不认识希特勒先生，”爱因斯坦说，“希特勒是因为德国人吃不饱才存在的，等到德国经济情况改善之后，他就不会显得那么重要了。”

第四篇　不懈的斗士

没有牺牲，也就绝不可能有真正的进步。

——爱因斯坦

危险步步逼近

阿尔伯特·爱因斯坦在德国过完了 1931 年的夏天，秋天他又再度访问美国加州理工学院，于 1932 年春天回到德国。获悉最新的选举消息，他不禁大吃一惊。德国的新总统是年老的兴登堡元帅。一般群众因为他在第一次世界大战期间的胜利而崇拜他，但崇尚民主政治的德国人却为此感到不安。他们知道，兴登堡总统和他的同党痛恨共和制，担心这位老总统是否将加强军备，夺走人民的自由。

此时已是秋天，爱因斯坦准备遵守诺言，第三度前往帕萨迪纳过冬。在卡普斯，一向是模范家庭主妇的艾沙把那间漂亮的小屋子打扫干净，并把所有的东西收拾好，然后才把屋子关好。她忙着来往于每一个房间，重新排列她的碗盘，然后把高大的碗橱锁上，把不想带到美国去的衣服收拾起来。同时，她的丈夫或是到湖上去驾游艇，或是在书房里坐上几个小时，双眼凝视着窗外的大树。临走前，艾莎关闭最后一扇窗子，拔出大门的钥匙。他们夫妇相偕走下小山，走向村子。

突然，爱因斯坦转过身子，他脸色沉重，站在那儿望着那栋他曾经度过许多愉快岁月的屋子。

“怎么了，爱因斯坦?”艾莎有点儿焦急地说，“如果不快一点，就要赶不上到城里去的火车了。”

“现在应该是我们向这幢房子道别的时候了!”爱因斯坦博士回答说，“我希望好好看它一眼。”

“为什么?”她有点困惑，忍不住问道。

“我有种感觉，仿佛再也看不到它了!”爱因斯坦回答。

在他们走向车站的途中，艾莎在心里嘀咕，自己除了不了解相对论之外，有时候，还真有点不了解自己的先生呢!

但到了当年的年底，她终于明白了，丈夫的忧虑并非毫无根据。1933 年，消息传到美国，兴登堡总统已任命希特勒担任德国总理。这时候，深爱祖国的艾莎也不得不同意她丈夫的决定：最好不要回德国了。

对于这个曾为祖国带来无比荣耀的大科学家来说，德国已经不能让他安全容身了。在希特勒眼中，爱因斯坦犯了几项不可原谅的罪行：他是位著名的和平主义者、国际主义者，更是一位犹太人。

希特勒曾对那些鼓掌叫好的群众大声咆哮，说其他各国曾在凡尔赛缔结联盟，企图使德国永远不能抬头。任何一个企图和这些国家和平相处的德国人都是叛徒！

希特勒（左一）在视察阵地

希特勒的著作《我的奋斗》已成为纳粹党的圣经，他在书中一再对德国的犹太人予以最严厉的指责。他宣称，在和平主义者及共产党的协助下，犹太人使德国在战争中失败。虽然，犹太人在德国总人口中不到十分之一，但希特勒却指责他们控制所有的工商企业，造成德国人的失业与痛苦。他宣称，不管这些犹太人或他们的祖先在德国已经居住多久，他们仍然不能被视为德国公民。

希特勒利用一种共同的仇恨心理促使纳粹党更为强大、团结。他还不准备对法国、英国和俄国这些强大的敌国宣战。但德国境内的少数犹太人近在眼前，又没有保护自己的力量。他们所受到的迫害，是德国历史上最为可耻的一页。

虽然，爱因斯坦晚年曾协助他的同胞在巴勒斯坦建立独立的犹太国家，但他从来不认为自己是哪一个国家的国民或是哪一种宗教的信徒。他曾发表一篇声明，对此作过简单而明确的说明："这世界上没有比服务人类更高超的宗教。我们同在地球上的这些人，肩负着相同的生命任务。人类的一般福祉在于对全人类的一视同仁，不管是白人或黑人、穷人或富人、基督徒或犹太教徒、伊斯兰教徒或印度教徒……真正的宗教就是真实的生活，生活在善良与正直之中。”

但对希特勒及其党徒而言，爱因斯坦确是一名犹太人。由于他曾获诺贝尔奖，声名显赫，因此成为在德国遭遇攻击的第一位犹太裔的科学家。长久以来一直嫉妒爱因斯坦的地位及其世界名声的多位科学家，在纳粹党的鼓励下，开始大力谴责他的理论是“犹太物理学”。1935 年，爱因斯坦多年来在科学界中最主要的反对者——雷纳德博士，在一家新的物理学研究所的揭幕式上宣称：“我们必须承认，虽然目前德国人在知识方面不如某些犹太人，但我们不愿追随犹太人的脚步。德国人今天必须自行摸索着走出黑暗。”他在演说完毕之后，照例做了一个标准式的纳粹敬礼并高呼：“希特勒万岁！”

所有的德国大学发动了“种族整肃”。最初，那些曾在第一次世界大战期间为德国或其盟国出过力的犹太籍教授，都被允许保持他们的职位，后来连这些例外都被取消。曾经加入任何和平团体或任何非法团体的教师们全都被免职，甚至连娶了犹太女子的教师们也要被撤职。虽然有少数德国知识分子领袖大胆地为他们的朋友辩护，但大多数人却沉默不语，有的甚至表现出幸灾乐祸的态度。

在美国，爱因斯坦听说希特勒已开始逐步实现他很早以前在书中所提出的种种疯狂计划，于是前往会晤德国领事。德国领事尽责地把现政府打算公平对待每一位公民的纳粹谎言又重复了一遍。他说：“如果你没有犯错，你在柏林将如你在世界上任何其他地方一样。”

“我不能同意你的说法，”爱因斯坦礼貌地回答，“我只愿留在一个政治自由，而且在法律上对所有人民一视同仁的国家。

但是，目前德国并不是这样的。”

领事馆的一名官员紧跟着爱因斯坦博士走出领事的办公室，他紧张地回头望了一眼，然后低声说：“他——领事先生，这样说只是为了尽他的责任。但我愿意冒险地向你坦白，你不回去是很聪明的决定。”

爱因斯坦教授对他的警告深表感激。难道他祖国的情况真的如此严重，任何崇尚自由的人都无法安全待在国内吗？但他觉得必须等到更为确定这些事实之后，才能公开谴责德国新政府。当记者们要求他对德国政府迫害行动的报道予以评论时，爱因斯坦只是回答说，他和德国的距离如此遥远，他所知道的德国情况并不比任何一位美国记者多。但他接着表示，他无法住在一个没有言论自由且有种族及宗教歧视的国家内。

背景知识

法西斯主义

对于法西斯的最通俗、最简单的解释就是：一种疯狂地侵略其他国家，残害别族人的生命的思想。法西斯是人类文明的敌人。

法西斯主义的由来和三大形态

首创法西斯主义的并不是德国的希特勒，而是意大利的墨索里尼。“法西斯”一词来自拉丁文 fasces，原指中间插着一把斧头的“束棒”（在古罗马时是权力的标志），象征有判处笞刑或死刑的权力。法西斯主义是意大利文 fascismo 的音译。第一次世界大战结束后，墨索里尼在意大利建立了法西斯党，鼓吹和推行法西斯主义，党徒身穿黑色制服，故又称“黑衫党”。1922 年，墨索里尼发动政变，夺取政权，在意大利建立了世界上第一个法西斯政权。因此，法西斯成为独裁和暴力的代名词。第二次世界大战期间，日本、墨索里尼统治下的意大利、希特勒统治下的德国是三个典型的法西斯国家。

希特勒 1919 年加入“德意志工人党”，转年改组成“德国国家社会主义工人党”（德文：Nationalsozialistische Deutsche Arbeiterpartei，德语缩写：NSDAP，英语：Nazi Party，故又简称“纳粹党”），自任党的领袖，推行“纳粹主义”（德国法西斯主义）。纳粹党徒身穿褐色制服，又称“褐衫党”。1933 年希特勒在德国垄断资本家们的支持下，出任内阁总理。1934 年德国总统兴登堡逝世，希特勒制造“国会纵火案”，发动政变，夺取政权，自任国家元首，废除德国的民主共和制，建立了比意大利更加专制和残暴的法西斯政权。

日本法西斯主义与德、意法西斯主义有所不同。在日本，鼓吹和推行法西斯主义的主要是日本军部，一些右翼党派和“御用文人”则充当了帮凶和吹鼓手。日本法西斯主义更具有军事专制独裁色彩，故称为“日本军国主义”。

德国纳粹主义、意大利法西斯主义、日本军国主义是世界法西斯主义的三大形态。当时奉行法西斯主义的还有几个中小国家，例如西班牙等。德国、意大利和日本以柏林—罗马—东京为轴心，建立了法西斯轴心国。三个轴心国掀起了第二次世界大战。他们的目的是瓜分世界，德、意霸占西方，日本霸占东方。德、意两国确实也曾占领欧洲大部分和非洲北部一部分区域，只是西面未能跨过英吉利海峡征服英国，东面受阻于苏联，在斯大林格勒和莫斯科郊外吃了大败仗。最后，在反法西斯盟国东（苏联为主）西（美、英、法为主）两条战线夹攻下，彻底失败而灭亡。日本也曾横行一时，侵占大半个中国，肆虐太平洋十几个国家和地区，最后在以中国为主的反法西斯盟国的联合抵抗下宣布投降。

法西斯主义的五个基本理论

法西斯主义在20世纪20年代至40年代初，曾经猖獗一时，与美英法的民主自由主义、苏联的社会主义并立，形成当时世界三大主要思潮。这说明法西斯主义具有很大的欺骗性和蛊惑性，否则不会有那么多人迷信它、追随它，为它牺牲性命。

法西斯主义的欺骗性在于它的五个理论：

1. 种族优秀论

日本军国主义鼓吹，大和民族是世界上最优秀的民族，只有大和民族才能统率亚洲各民族，建立“大东亚共荣圈”，一同对抗欧美民族，与西方平分世界。日本军国主义不是引用西方的社会达尔文主义，而是引用日本的神话传说。这种传说称，日本民族是天照大神创造的，特别优秀，应当领导和统治其他民族。

2. 国家沙文主义

希特勒把他的主义称为“国家社会主义”，其中“社会主义”是骗人的幌子，其实只是“国家沙文主义”。法西斯主义反对“人民是国家的主人”的民主思想，主张“国家高于一切”。法西斯主义把“爱国主义”变成“国家沙文主义”，鼓吹只应当爱自己的国家，并且鼓吹日耳曼民族的国家既优秀又强大，理应实行扩张主义，侵略和占领别的国家。

日本军国主义除了同样鼓吹国家至上主义，还加上日本特色，那就是把尊神（尊崇神道教）、忠君（效忠天皇）和爱国（为“大日本帝国”奉献和牺牲）三者合为一体。所以日本军国主义比德国法西斯主义更具有迷信狂热和封建的色彩。

3. 超人史观

希特勒极力推崇当时德国哲学家尼采的“超人”学说。尼采把人分为两类，一类是少有的具有天才的“超人”，一类是占绝大多数的庸庸碌碌、盲目服从的“庸人”。“超人”具有非凡的智慧和能力，是历史的创造者，有权力领导和驱使“庸人”；“庸人”则应服从“超人”的命令和指挥，充当“超人”创造历史的工具。希特勒利用这种学说，自诩为唯一能够“拯救德意志”的人，通过纳粹党和“党卫军”大肆鼓吹对自己的狂热信仰、绝对崇拜和绝对服从，对人民实行极端独裁专制的法西斯统治。

日本军国主义同样鼓吹类似的思想。不同的是，日本军国主义把“天皇”奉为天照大神赐给大和民族“万世一系”世代继承的“超人”。鼓吹对天皇的狂热信仰、绝对崇拜和绝对服从，强迫一切民众对日本军国主义“绝对服从”，任其宰割。

4. 意志至上论

希特勒还极力推崇尼采的“唯意志论”。尼采认为意志就是力量，只要意志坚强，具有“主观奋斗精神”，没有办不成的事情。为了实现自己的意志，就必须握有权力。他创造了“权力意志”的概念，认为人生的目的在于掌握和发挥权力，“扩张自我”。这是一种极端自大狂妄，只强调个人意志，不重视理性思维，只宣传个人奋斗，蔑视广大民众，不顾客观现实，不尊重客观规律的荒谬邪说。

日本军国主义也极力鼓吹“意志至上”。他们不是引用德国的尼采哲学，而是鼓吹日本传统的武士道精神。

5. 暴力和强权就是真理论

墨索里尼鼓吹，罗马帝国灭亡以后一直未能复兴，是因为缺乏杰出的英明领袖以钢铁意志实行“铁腕”统治。他和希特勒、东条英机一样，坚决反对民主自由、人道主义、社会主义和共产主义。认为，这些学说使人心浮动、社会动荡，国家涣散软弱。他们认为，武力能战胜一切，“强权就是公理”，不论在国内还是在国际社会，都必须实行强权统治，进行武力征服。

日本军国主义奉行的也是“强权政治，武力征服”。这种遗毒至今在日本国内犹存。

法西斯主义滋生和蔓延的土壤

法西斯主义20世纪20年代至40年代初在德、意、日等国家盛行，有以下原因：

一，复兴的德、意和新兴的日本，不甘心忍受英、法、美等国操控的世界格局。第一次世界大战结束后，英、法、美等战胜国与德、奥等战败国于1919年签订了《凡尔赛和约》，重新划分了列强的势力范围，建立起所谓“凡尔赛体系”。这个体系对战胜国特别是英、法、美有利，而对德国是严苛的束缚。十几年后，德国再次兴起，不但急于打破对本国的束缚，同时也有复仇和雪耻之心。意大利和日本在签订《凡尔赛和约》时虽然也是战胜国，但是在英、法、美的压力下，他们没有分到所要的份额，十几年后，这两个国家兴起了，要求打破“凡尔赛体系”。特别是日本，野心勃勃，欲必重划东半球的版图。

二，连续发生的世界性经济危机，激化了列强重新瓜分世界的矛盾冲突。1929 年，世界爆发了持续几年的空前的经济大危机。整个西方世界，股票狂跌，市场萎缩，工人大量失业，工厂企业纷纷倒闭，社会一片混乱，政局动荡不已。德、意、日的大财团们和统治阶层认为，要摆脱经济危机，必须向外扩张，争夺更大的市场和势力范围。德国有一个特殊“借口”：要收回战败失去的土地。日本也有一个特殊“借口”：岛国地小人多资源贫乏，要生存和发展必须向外扩张。当时，日本军国主义内部有“北进”和“南进”两种主张。“北进”是经朝鲜半岛进攻中国东北三省，占领中国北部；“南进”是进攻中国东南沿海，占领中国南部，进而扩展到东南亚。后来的事实证明，日本军国主义是先“北进”，后“南进”，两种主张都实行，也都失败了。

三，国内劳工运动和革命运动高涨，引起了大资产阶级和统治阶层的恐慌和疯狂镇压。1919 年俄国爆发了十月革命，欧洲深受影响。二十世纪二三十年代，工人运动风起云涌。德国、匈牙利、波兰、保加利亚、西班牙都爆发过短暂的革命，虽然都失败了，但对欧洲震动不小。特别是德国，信奉共产主义和社会主义的政党势力强大，控制着国会。在这种国内形势下，德国大财团和统治阶层支持希特勒上台，与共产主义和社会主义力量对抗。希特勒为了争夺民众，标榜自己也主张“社会主义”，自己的党也是“工人党”，只是自己的“社会主义”是

“国家第一”的“社会主义”。“国家社会主义工人党”（纳粹党）就是这样产生的。希特勒夺得政权后，立即翻了脸，撕掉“社会主义”和“工人党”的外衣，对共产党、社会民主党和工人运动进行了血腥镇压。日本二十世纪二三十年代，民主主义思潮、社会主义思潮和劳工运动也曾兴起，并且遭遇了同样命运，被日本军国主义血腥镇压下去。

四，德国当时经济崩溃（1933年1美元兑换3万亿德国马克），国内爱国分子情绪高涨，民众对英、法等老牌资本主义国家恨到极点。希特勒等法西斯分子趁机煽动这些爱国分子，向他们灌输了大量的狂热的法西斯思想。这些导致了后来的战争。

反犹主义的由来

犹太群体原来是居住在阿拉伯半岛的一个游牧民族，最初被称为希伯来人，意思是“游牧的人”。根据《圣经·旧约》记载，他们的远祖亚伯拉罕原来居住在苏美尔人的乌尔帝国附近，后来迁移到迦南（今以色列/巴勒斯坦一带）。

希特勒是个极端的种族主义者和反犹主义者。他在《我的奋斗》中写道：“雅利安人的最大对立面就是犹太人。”他把犹太人看作是世界的敌人、一切邪恶事物的根源、一切灾祸的根子、人类生活秩序的破坏者。这些歪理邪说成了希特勒后来屠杀数百万犹太人，企图灭绝犹太人的“理论依据”。缘何至此？究其原因大致可以从以下四个方面加以分析：

1. 历史的缘由。在历史上，欧洲人对犹太人持有成见。犹太人的远祖是古代闪族的支脉希伯来人。公元前，他们的祖先曾聚居生活在阿拉伯巴勒斯坦土地上。公元1世纪，罗马帝国攻占巴勒斯坦后，犹太人举行过多次大规模反抗罗马占领者的起义，但都遭到了罗马统治者的血腥镇压。到公元135年的犹太人起义再次惨遭失败为止，在这一个多世纪的时间里，罗马统治者屠杀了百万犹太人，最后把幸存者全部赶出巴勒斯坦土地，使他们流散到西欧，完全处于落后的小生产的农牧社会。犹太人逃往西欧后，当地的封建主们非常歧视他们，不许他们占有土地，只许他们经营商业。不知是历史过错成就了他们，还是生死磨难砥砺了他们，或者说这本来就是历史赋予的机遇，总之，由这一切所构成的历史集合体，铸就了犹太人的特质，使得他们更加聪明、坚强。他们不仅在困境中顽强地繁衍生息，而且逐渐地富有了。

公元13至15世纪，欧洲开始进入资本主义社会，当地新兴资产阶级同那些经商致富的犹太人资本家们产生了利益冲突，厄运再次降临到犹太人的头上。现实利益的冲突加上宗教信仰的差异，大批犹太人被迫流往东欧及美洲各国，开始了历史上的犹太人第二次逃亡。不幸的是，这种反对犹太人的意识，居然演变成了一种“文化积淀”，在某些国家和地区“遗传”至后世。进入20世纪后，德国及奥地利的反犹情绪与日俱增，希特勒及其追随者就是其中的典型代表。

2. 宗教的差异。基督教是世界上流传最广、信教人数最多的宗教。在欧洲，特别是西欧，人们普遍信仰基督耶稣。虽说两教之间有着密切的历史渊源，但基督教教义认为，是耶稣的十二门徒之一的犹大为了三十块银币而出卖了上帝之子，是犹太人将耶稣钉死在十字架上。这就造成了基督徒们在情感上对犹太人的仇视。所以说，信奉基督教的欧洲人在宗教感情上很难接纳犹太人。这种宗教差异导致的对立情绪又逐渐衍化成一种大众化的厌恶犹太人的社会心态。同样，这种社会心态也作为一种“文化积淀”世代“遗传”，并随着岁月的推移，逐渐与社会经济政治相结合，成为一种随时可以被利用的社会政治的潜在力量。当这种潜在的东西被某个（些）政治野心家利用时，就会像火山一样喷发，成为一种疯狂的社会驱动力。

应该看到，当时的德国及奥地利内部，民族主义思潮盛行，原有的宗教情绪在现实利益冲突的激化下，使人们本来已有的反犹情绪更加激烈，从而加剧了对犹太人的仇视。在这种社会氛围的熏陶下，希特勒的“仇犹反犹”观点逐步形成，并迅速成为这股社会情绪的主导。同时，当时德国及奥地利仇犹反犹的社会情绪极大地刺激着他的政治野心，使其民族主义思想恶性膨胀。

3. 现实的需要。20 世纪 20 年代末 30 年代初，爆发了世界性经济危机，严重打击了德国，使其工业生产倒退到了 19 世纪末的水平，国力渐衰。深刻的经济危机不仅激化了国内的阶级矛盾，而且刺激了垄断资产阶级对外扩张的野心。“德意志民族必须从掠夺的土地和生产空间中寻找出路”，希特勒的这一争霸世界的主张，得到了德国垄断资产阶级的拥护和支持。然而，实施建立一个日耳曼帝国的罪恶计划需要巨额资金提供财力保证。在国力衰落的情况下，把手伸向富有的犹太人成为他们认为是理所当然的选择。

另外，居住在欧洲各地的犹太人，较之于其他民族而言，不仅富有，而且素质也要高些。面对这样一个民族，希特勒及其党徒们，既感到仇恨，又觉得胆怯。在他们的心目中，犹太人这个特殊的社会群体是他们实现“第三帝国”美梦的严重威胁。这些，无疑加剧了希特勒对犹太人的仇恨和政治嫉恨。加上当时德国社会政治生活完全处在一种极端疯狂的病态之中，使希特勒的仇犹反犹观点不仅有了适当的社会环境，而且得以迅速疯狂起来。

4. 狂暴的病态心理。希特勒是奥地利海关一个小官吏的私生子，从小缺少良好的教育，青少年时代整天流浪于维也纳和慕尼黑街头，铸就了他既自私又狂妄的性格。正如他小时候的一位班主任老师后来回忆时说的那样：“希特勒缺乏自制力，至少被大家认为性格执拗、刚愎自用、自以为是而脾气暴躁。”加上他患有痉挛性的神经质，发起癫狂来甚至会趴在地上啃地毯边。从有关史料上可以看出，狂暴是希特勒性格的典型特征。例如，1942 年的一天，纳粹德国武装部队外科医师扎尔·伯罗赫奉命去晋见希特勒，希特勒的爱犬就猛扑这位医师，吓得他魂不附体，医师被迫与它细声细语地说话，很快它就平静地趴在医师身边，把前肢搁在医师膝盖上，两眼温顺地看着他，并与他逗笑。希特勒见此情景暴跳如雷：“它是完全忠于我的唯一生物，可你把它骗去了，我要杀死它。”声音越来越高，简直到了嘶叫的地步，怒吼着威胁要监禁医生。类似这样的事，时有发生。狂暴和嫉恨，又造就了他的狠毒和残忍，希特勒是一个有严重病态心理的政治狂人。

上述这些原因，如果孤立地看其中任何一个原因，都很难构成对犹太人的灭绝性仇杀。但当这些因素聚合为一体时，会产生使犹太民族在劫难逃的社会效应，而希特勒则是促使这四大因素产生叠加效应的罪魁祸首。

首先，纳粹党打着当时在德国流行的民族主义和“社会主义”两块招牌，宣扬德意志民族是优秀民族，把犹太民族视为劣等民族。为了蛊惑人心，欺骗德国广大民众，希特勒从两个方面对这些种族歧视理论进行了周密的包装。一是按照他自己的社会逻辑，断章取义地摘取前人论述人口问题中的某些词句，拼凑成一个种族优劣的理论，为把犹太人打入劣等人种制造理论依据。二是利用早就深植于德国人心中的反犹意识和宗教情结，大肆鼓吹“犹太瘟疫”的谬论。经过希特勒的蓄意“嫁接”，这个理论再也不是一般意义上的种族歧视了。他利用历史的、宗教的因素，为其灭绝犹太人创设了广泛的社会基础，使得这一理论更加具有煽动性。希特勒一上台，之所以能够顺利推行一整套疯狂迫害犹太人的反犹灭犹政策，无疑得益于他这个荒谬绝伦的理论。其次，纳粹党还利用当时德国国内广大群众痛恨《凡尔赛和约》的心理，煽动复仇主义情绪，并把这种仇恨转移到犹太人身上。

在这些原因中，现实的需要是最直接的要素，其他几方面的原因也是非常重要的因素。如果没有历史的原因和宗教的差异作为先导性条件，那么，即使现实再需要，也很难想象会达到如此疯狂和残忍的程度。只有当这几方面的原因聚合为一体时，才产生了那可怕可憎的充满血腥的暴虐行为。

任何历史事件都是社会各种相关因素合力作用的产物。二战期间，六百万犹太人惨遭杀害，希特勒当属罪魁。希特勒对犹太人特有的种族仇恨和政治嫉恨，是政治狂人病态心理的一种特殊反映。导致希特勒严重病态心理的“菌种”来自历史成见和宗教差异，恰好又得到了当时德国社会环境的孕育。确切地说，希特勒的严重病态心理与当时德国社会政治生活的疯狂病态是相辅相成的。一方面，希特勒疯狂的病态心理正是历史成见、宗教差异和现实需要三大原因叠加、聚合的黏合剂；另一方面，这三大原因的聚合又把希特勒疯狂病态的心理推向了极端，从而引发了那场人类历史的大悲剧。

流亡比利时

1933 年春天，爱因斯坦博士和他的夫人离开美国前往比利时。他们在海边避暑胜地德哈恩找到一栋舒适的住宅。玛嘉特也前往那儿与她的父母同住。她结婚以后继续从事雕塑，并在布里吉斯上课。

比利时国王颇具学者气质，而且一直是爱因斯坦的崇拜者，他经常邀请教授前往王宫做客。两人在宫中无所不谈，谈论的话题从爬山一直到世界和平。伊丽莎白王后则是一位极有成就的音乐家，曾跟从音乐大师伊莎叶学过小提琴。爱因斯坦对于和她以及另外两个小提琴手组成四重奏一事欣然应允。伊丽莎白王后也是一位女雕刻家，有一次她把一件刚完成的作品拿给爱因斯坦看。爱因斯坦认真地告诉她：“你实在不愧是一位王后。”她听了十分高兴。

友好的比利时人很快就对他的私人生活了如指掌，比利时仍然是一个民主而和平的国家。如果不是几乎每天都有恐怖的消息从纳粹德国传来，爱因斯坦可说是生活得相当快乐。

爱因斯坦坐在椅子上悠然地和朋友谈论

他不知道是否应该辞去柏林学院的教职，或是等待被逐出该学院。邀请爱因斯坦前往柏林的普朗克博士仍然身居高位，并拥有相当大的权势。普朗克既不是犹太人，而且从未发表过任何一句令纳粹党反感的自由言论，因此他能保住地位及名声。爱因斯坦相信如果普朗克被要求出面为他的老朋友辩护，一定会感到十分为难。因此，爱因斯坦教授写信到柏林，要求辞去他在学院内的院士职务。因为他觉得，在当时政府的统治下，他无法为德国提供任何服务。

学院的院士们以身为无党无派的科学家而感到骄傲。一位思想比较自由的教授问道：“为什么要求一位本身是伟大数学家的院士非得是一位民族思想强烈的德国人不可？我们岂不是将被视为向武力屈服的懦夫？”

但在1933年，德国知识分子中却出现了许多懦夫。纳粹报纸继续谴责爱因斯坦，宣称他在国外期间背叛了祖国。学院为了表示对希特勒政府的忠诚，特别发表了一篇声明，断绝与这位二十多年来为学院带来无数荣耀的科学家的一切关系。

“对于爱因斯坦的辞职，我们用不着感到遗憾，”这份正式声明说，“学院对于他在国外的活动感到耻辱，学院的会员一向忠于国家。”

爱因斯坦认为他必须就这项不忠的罪名为自己提出辩护。“我并不知道我在海外曾散布有关德国的不忠报道，”他写道，“我已经注意到德国新政府成员所发表的一些声明，并予以评论，尤其是有关企图毁灭德国犹太人一事……报纸对我作了许多不利的报道，而学院对报纸所发表的声明，则助长了这种情势。”

学院的一名代表回答说，就算爱因斯坦不曾侮蔑德国，但他身为学院的一名成员，应该就不公平的报道替祖国辩护，这显然是他的责任。这封信说：“像阁下如此著名的人物，只要能替德国说句好话，将会在国外产生极大的影响力。”

流亡海外的爱因斯坦知道，这样争论下去毫无用处。他的某些伟大的研究工作是在学院内完成的，要想打破漫长的二十年来自己与学院所建立的关系，是相当困难的一件事。爱因斯坦突然觉得自己十分衰老而且泄气，于是他提笔向以前的同事们写了一封告别信。

他说：“要我说出这种‘好话’，无疑是要我否认我终生所奋斗追求的公正与自由。这样的证词对德国人民来说，不会是‘好话’；相反，这样的声明只会破坏德国人民在文明世界建立荣誉地位所必备的思想与原则。阁下的来信使我再次觉得，我辞去学院职位的决定是正确的。”

虽然爱因斯坦曾公开批评苏联，但此时却被视为一名共产党员，他被指控在卡普斯的避暑小屋中贮存了许多武器供共产党叛军使用。纳粹警察闯入那栋漂亮的小屋去搜查弹药及武器，经过彻底的搜查，只找出家具及科学书籍。但爱因斯坦花费不少积蓄所建造的这间小屋以及他在柏林银行的存款全部被没收。德国政府通知他说，他的财产已被没收。因为他们认为这些财产会被用来资助共产党发动革命。

杰克·伦敦

就在这段恐怖气氛日益浓厚的时间内，有人在柏林国家歌剧院门前焚烧了一大堆的书籍，放火的并不是无知的暴民，而是身穿制服、纪律严明的纳粹党人。海涅的歌曲很久以来一直受到德国人的喜爱并广为传咏，但现在他的歌曲相关的书籍却被焚烧，因为作者是犹太人。像杰克·伦敦及海伦·凯勒这些美国作家的作品也被付之一炬，因为杰克·伦敦除了撰写冒险小说之外，还撰文为社会主义辩护；海伦·凯勒则被指为和平主义者。爱因斯坦有关“相对论”的论文也被投入烈火中。

但是即使是在纳粹德国，要想消除爱因斯坦的影响力也是不可能的。新帝国的一些胆怯的教授，在上物理学时，不敢提到爱因斯坦的名字，这样才会比较安全。但在讨论时要想不提及“相对论”，几乎是不可能的，这些学者经常弄得左右为难。他们不知道要如何将他们纳粹主子的政治思想和他们自己的科学思想明确地分开！

犹太科学家统统被赶出德国大学，即使没有人能够指出他们曾发表不忠的言论，仍然要被逐出校门。不同意粹纳做法的非犹太人，也很快受到了迫害。普朗克曾利用他的影响力庇护许多不受纳粹喜爱的科学家。他一直希望，纳粹的怒潮将会平息下来，而使这些曾以他们的科学成就为德国带来许多荣耀的科学家不再受到伤害。但是，迫害的情况却一天比一天严重。

普朗克曾与希特勒见面，但那位疯子拒绝聆听他为同事们所提出的请求。显然，德国的任何人都必须同意纳粹迫害犹太人。

起初，爱因斯坦的某些朋友认为，这场暴风雨很快就会过去，教授将可安全回到祖国。但很快，即使是这些乐观的人士也不得不承认，德国已变成一座疯人院，在这所疯人院里，除了管理员之外，任何人都没有安全感。当年爱因斯坦由于对德意志共和国的忠诚，而恢复取得德国公民权，这是他的一项错误决定。如果他继续保持瑞士公民权，以外国人的身份，或许可以保住那些被纳粹政府所没收的财产。

“我们不会为了被抢去的那栋可爱的屋子及存款而忧虑。”艾莎勇敢地说，“我们应该感谢我们的女儿和她们的丈夫已经安全逃出德国，比利时政府将会尽力保护我们的。”

但是，不断有谣言困扰着他们安宁的流亡生活，并使她越来越感到焦虑。据传自德哈恩的一则报道说，一个纳粹组织已经提供五千美元的奖金，悬赏刺杀这位最杰出科学家的人。

“我还不知道这颗脑袋竟值那么多钱！”爱因斯坦摸着自己的头，不禁哈哈大笑。

但艾莎可笑不出来。她知道，纳粹德国的秘密特工人员在欧洲每一个国家都很活跃。幸好，比利时政府及王室答应保护他们，才使她放松心情。

由于这种保护措施，曾有一次，使得替爱因斯坦撰写传记的物理学家菲力普·佛兰克在1933年夏天处于一个相当尴尬的局面。

爱因斯坦和他的第二任妻子艾莎的家居合影

当他前往比利时旅行时，他决定去访问爱因斯坦，但他不知道爱因斯坦的地址，当他到达德哈恩之后，曾向路人打听爱因斯坦的住处。路人毫不犹疑地向他指示详细的路线，他很快就来到耸立于沙丘之间的一处小别墅。佛兰克博士知道已经来到了目的地，因为当他走近之后，就认出爱因斯坦夫人正坐在屋前的走廊上。两个高大、魁梧的汉子站在台阶前，正在兴高采烈地谈话。

那两人看到佛兰克走上小径，立即冲上前去。他们一把抓住他，粗鲁地把他拖到爱因斯坦夫人面前。爱因斯坦夫人吓得脸色苍白，她仔细看了很久，方才认出是佛兰克博士。

“呀，是佛兰克博士！”她叫道，“很抱歉！”并转身对那两名大汉说：“请放开他，他是我丈夫的一位老朋友。”

那两名男子不好意思地笑了笑，然后转身走开。爱因斯坦夫人赶忙向佛兰克解释说："他们是负责保护我们的警卫。他们刚跑来告诉我，村子里出现了一名陌生人，因此匆忙中误认你是一名刺客。"

"你是怎么找到这地方的？"她问道，"比利时政府为了保护我丈夫的安全，已经下令任何人不许说出他的住处。"

佛兰克博士对她说，他到达德哈恩后，向路上遇见的第一个路人问路，立即得到回答。爱因斯坦夫人听人如此一说，立即心生警惕。但爱因斯坦反而觉得好笑，他倒不认为比利时警方的保护已失去作用。

"德国人怎会认为我的丈夫是个危险的敌人？！"艾莎惊叫道。"不久以前，我们接到一封以德文写来的信，我们根本不认识这个人。可是，他坚持说，必须和教授见面谈谈。我写信请他来这儿。当然了，由于最近常有人提到暗杀，我不想让一个陌生人见我丈夫。"艾莎接着说，"那人告诉我，他以前是纳粹冲锋队的人员，如今已背叛纳粹党，现在想要出售纳粹党的秘密情报。他甚至希望爱因斯坦博士能付出相当的代价来购买这份有价值的情报。"

"我问他，"爱因斯坦夫人继续说，"你怎会认为爱因斯坦教授有兴趣知道纳粹党的秘密呢？"

"他回答说：'每个人都知道爱因斯坦教授是世界各地反纳粹分子的领袖，因此我才打算把如此重要的情报卖给他。'"

爱因斯坦对他妻子的惊恐报以哈哈大笑。当他准备前往伦敦演说时，曾接到一封威胁信。写信人表示，如果他在伦敦演说，将会遭到谋杀。爱因斯坦把那封信丢到一边，继续撰写他的演讲稿。结果，他在伦敦发表演说时，来了许多听众，奉命前去保护他安全的伦敦警察，也跟着群众热烈鼓掌。身为流亡人士的爱因斯坦博士，为那些被希特勒政府驱逐出境的犹太难民们大声呼吁，希望全世界善心人士能够给予他们援助。他的演说开启了一项世界性的支援活动，最后共募得五百万美元，以帮助这些不幸的犹太难民在国外开始新生活。

比起那些被迫流亡国外的同胞们，爱因斯坦幸运得多。当他已经不能再在德国立足的消息传开以后，许多著名的大学都聘请他前去任教。西班牙历史悠久的马德里大学特别派了一名代表亲自去邀请他，巴黎大学也聘他担任教授。不过，爱因斯坦并不希望留在欧洲，他认为纳粹的恐怖行动将会蔓延到邻近各国，欧洲也将不得安宁。朋友们对他的决定感到很欣慰。他们一致认为，欧洲没有一个国家能保证爱因斯坦的安全，如果纳粹已决心置他于死地的话。

虽然，爱因斯坦几年前曾访问巴勒斯坦，并对那儿留下极

20 世纪上半叶的巴黎大学

佳的印象，但是他却拒绝接受耶路撒冷希伯来大学邀他前往任教的请求。他知道，一些被逐出纳粹所控制的大学的较年轻而且知名度不高的科学家们，很难找到新的教职。他说，希伯来大学应该优先考虑这批人。

爱因斯坦决定下半辈子在美国度过，因为他在美国已结交了许多热情的朋友。

在纳粹上台前的几年，美国一位著名的教育家亚伯拉罕·福列斯勒博士，曾前往爱因斯坦在卡普斯的那栋舒适的小屋与他会晤。当时，福列斯勒博士要求爱因斯坦加入刚在美国新泽西州普林斯顿成立的高等研究院。爱因斯坦对此十分有兴趣。但他说，他已经答应在第二年的冬天前往帕萨迪纳，并且坚持每年必须在柏林服务几个月，因为他无法背弃他对德国老朋友们的忠诚。

现在，他再度考虑起福列斯勒博士以前的邀请。

当讨论到未来的工作酬劳，爱因斯坦提出的数字竟然出奇地少，令福列斯勒博士感到很吃惊。福列斯勒博士建议说，这件事应该由他和爱因斯坦夫人来决定。福列斯勒博士认为，爱因斯坦夫人才是家里的财政主管，爱因斯坦很高兴地把合约这一部分移交给他太太。

1933 年 10 月，爱因斯坦夫妇在英国的某一港口搭船前往美国。

到普林斯顿高等研究院任教

爱因斯坦于1933年冬天在美国开始了新生活，他受聘于普林斯顿高等研究院，这是当时美国最进步的一所学术机构。福列斯勒博士创设这所研究院主要是为那些已获得博士学位的年轻学者，创造在自己的学术专长范围内继续进行研究的机会。这位美国教育家是仿照自由时代的德国大学而创设该研究院的，开始时只设立一个数学系，但很快又增加了一些相关科系。

按照福列斯勒博士计划，他所聘请来的那些伟大的学者们不仅要在课堂上与学生见面，更应该亲自指导他们从事研究。对于学生与老师的挑选，完全取决于他们的努力，绝对不会因为他的政治或宗教信仰而遭到不公平待遇。最初，该研究院设于普林斯顿大学的数学大楼，1940年，迁到普林斯顿郊外几千米的大楼内。

在高等研究院内，爱因斯坦教授享受到最大的自由。他不必定期上课，可把大部分时间花在自己的研究工作上。他很喜欢美国大学校园内的随和气氛。爱因斯坦以前认识的那些德国教授，随时都要摆出政府官员似的严肃面孔。但在研究院及普林斯顿大学内，教授们都很随和。某位教授可以在闲暇时从事园艺或打高尔夫球，也可能出现在橄榄球比赛场地上，热心地

20 世纪 40 年代的普林斯顿大学

为普林斯顿球员加油。往往在同一天晚上，这名热情加油者，又可能担任一次重要的学术会议的主席。

在普林斯顿，一位教授可能拥有十几项学术兴趣，或是像爱因斯坦一样，沉迷于自己的研究工作中。

爱因斯坦第一天被带去看自己的办公室时，学校人员问他需要什么设备。他回答说：“一张桌子、一把椅子、纸和粉笔。哦，对了，还要一个大的字纸篓，至于为什么要大的，因为这样子我才能把我所有的错误都丢进去。”

在研究院里，爱因斯坦博士继续进行他多年以前在柏林进行的“统一场”的研究工作。这个“统一场”的理论，研究对象包括引力、电磁力以及原子核中的强相互力和弱相互力。爱因斯坦的研究目标是用一项理论来解释这四种不同力量的共同本质和相互联系。

背景知识

磁 场

磁现象是最早被人类认识的物理现象之一，中国古代“四大发明”之一的指南针就是基于磁现象发明。磁场是广泛存在的，地球、恒星（如太阳）、星系（如银河系）、行星、卫星以及星际空间和星系际空间，都存在着磁场。为了认识和解释其中的许多物理现象和过程，必须考虑磁场这一重要因素。在现代科学技术和人类生活中，处处可遇到磁场，发电机、电动机、变压器、电报、电话、收音机以至加速器、热核聚变装置、电磁测量仪表等无不与磁现象有关。甚至在人体内，伴随着生命活动，一些组织和器官内也会产生微弱的磁场。

磁场是一种特殊的物质，磁体周围存在磁场，磁体间的相互作用就是以磁场作为媒介的。

现代理论说明，磁力是电场力的相对论效应。由于磁体的磁性来源于电流，电流是电荷的运动，因而概括地说，磁场是由运动电荷或变化电场产生的。磁场的基本特征是能对其中的运动电荷施加作用力，磁场对电流、对磁体的作用力或力矩皆源于此。

与电场相仿，磁场是在一定空间区域内连续分布的矢量场，可以用磁感线形象地图示。然而，作为一个矢量场，磁场的性质与电场颇为不同。运动电荷或变化电场产生的磁场，或两者之和的总磁场，都是无源有旋的矢量场，磁力线是闭合的曲线簇，不中断，不交叉。换言之，在磁场中不存在发出磁力线的源头，也不存在会聚磁力线的尾闾，磁力线闭合表明沿磁力线的环路积分不为零，即磁场是有旋场而不是势场（保守场），不存在类似于电势那样的标量函数。

电磁场是电磁作用的媒递物，电场和磁场是它紧密联系、相互依存的两个侧面，变化的电场产生磁场，变化的磁场产生电场，变化的电磁场以波动形式在空间传播。电磁波以有限的速度传播，具有可交换的能量和动量，电磁波与实物的相互作用，电磁波与粒子的相互转化等等，都证明电磁场是客观存在的物质，它的“特殊”只在于没有静质量。

就像他在这项研究工作进行了二十年后，对一位摄影人员所说的：“你拍好照片，就等于完成了工作。但在理论上就不同了，工作永远没有完。”他又说：“目前有两个年轻人跟我一起工作，我们的工作主要是为了解决我们的日常问题。”

爱因斯坦很幸运地拥有一些聪明的年轻数学家及物理学家充当他的助手，他们为他解决了许多费力的计算工作。其中一位是利奥波德·英费尔德博士。英费尔德永远记得，当他以前在柏林举目无亲时，最先感受到的就是爱因斯坦的真情。此时，英费尔德的祖国波兰已被希特勒的军队占领，通过爱因斯坦的影响力，他才得以安全逃到美国。

英费尔德希望能被获准与他最敬爱的人一起工作。他等待任命，却久无下文，因而显得不耐烦。爱因斯坦温和地安慰他说：“不要急，有许多问题等待了好几个世纪才得到解决，你再多等两个礼拜也无妨。”

与所有真正的科学家一样，爱因斯坦知道如何保持耐心。

英费尔德也对探与发现永葆热忱之心，他在自传《寻觅——一名科学家的诞生》里，有如下的一段描述：

> 我属于科学家的大家庭，我们每一个人都经历过兴奋的好奇时期。在那段期间内，除了我们正在研究的那些问题之外，生活中的任何事物几乎都并不重要……我们也许需要几个星期、几个月甚至几年的时间，才能找出正确的实验方法。我们必须尝试不同的方法，在黑暗中摸索。而我们一直知道，一定有一条宽阔而舒适的大路，通往我们的目标……我们每一个人都要经历这种情绪，不管是爱因斯坦或是一位学生，从事第一项研究时，都曾体会过这种痛苦、失望与喜悦的滋味。

他们两人在一起进行了许多次长谈，并从谈话中整理出他们两人合作的一本著作《物理学的演化》。这本书出版之初，英费尔德将一本先行赠阅的版本送给爱因斯坦，但爱因斯坦似乎一点也不感兴趣。出版商问了英费尔德许多次“爱因斯坦喜欢这本书吗?”这叫英费尔德博士怎么回答呢？因为爱因斯坦教授根本未曾打开过这本书。

“某项工作一旦完成，他对这项工作的兴趣也就随之消失了，”英费尔德说，“这同样可适用于他的科学论文上。后来，很多人拿了这本书请他签名，导致他养成一种习惯，每当看到那本书的蓝色封面时，他就会自动去拿起钢笔。”

在这本书推出的前一天，纽约一家大报的记者在晚上 11 点打电话给爱因斯坦博士，请他对这本著作说几句话。

“我所能说的，都已经写在书上了。”爱因斯坦回答得很干脆，随即挂上电话。

这位记者是否曾费神去阅读《物理学的演化》，从而了解爱因斯坦的思想，不得而知。但确是有很多人争相购买，使得这本书真的成了一本畅销书。英费尔德同时很惊讶地发现，在一个星期之后，这本书的销量更大，甚至超越了畅销一时的卡耐基著作《如何结交朋友及影响他人》（该书名又译为《人性的弱点》）。

爱因斯坦仍然不发表评论。他对这本书已没有兴趣，就像他以前曾经出版过十几本书，但立刻就将它们忘掉了。

爱因斯坦坐在椅子上悠然地抽着烟

他的一位助理，班尼斯·霍夫曼描述爱因斯坦和他的工作人员讨论某项问题的情形说：“爱因斯坦教授总是靠在椅子上说：‘我们一定要想一想。’他把自己的头发卷在手指上，沉思一会儿。然后，就会想出答案来。不过，有时候要花上几天、几周甚至几个月的时间。”

就像在柏林时一样，爱因斯坦在普林斯顿的家也很快成为音乐和闲谈的中心。这位白发、满面笑容的博士，成为附近小孩子们最欢迎的人物。他们都很喜欢述说爱因斯坦在普林斯顿欢度第一个圣诞夜的情景。

在那个圣诞夜里，一群小孩子前去按门铃，当爱因斯坦出现在前廊时，他们就开始唱起圣歌来。他很专心地听着，但在演唱完毕后，有位小男孩要求给他们一样礼物，他却不知道这是怎么回事。

“什么样的礼物?”爱因斯坦问道。

“哦，人们通常赏我们几毛钱。”

“等一下。”爱因斯坦博士说。

这些小孩子认为他是要到屋内去拿钱。但几分钟后他再度出现，穿着皮上衣，戴着一顶小帽，一手拿着他的小提琴。

“我跟你们一起走，你们唱歌，我拉小提琴。”爱因斯坦说，“但你们一定要答应分给我一点钱。”

在他们到达美国后的最初几个暑假里，爱因斯坦一家人找到了一处宁静的避暑胜地，使爱因斯坦可以再度享受驾驶游艇的乐趣。有一次他把游艇开上了沙岸，被一位划船的小男孩发现了。

“怎么了，先生?”他叫道。

“这儿的水太浅，必须等到涨潮后才能离开。”爱因斯坦回答。

“要不要我去找艘大一点的船来把你拉出来？要等四小时之后才会涨潮呢。”

“不必了，谢谢你。”

“但是，你在这四小时之内怎么办呢？先生。”

爱因斯坦博士对这位好奇的小男孩摇摇头。“我会很愉快的，我可以坐在这儿想问题。”他回答说。

爱因斯坦教授在普林斯顿安顿下来的同时，艾莎则试着使

骑车的爱因斯坦

他们现居的房子像他们的柏林老公寓那般舒适。熟悉的家具和照片使她不会觉得太寂寞，她知道这次他们不是短暂访问这个国家了。已届中年的她，发现很难适应新的环境。她经常想家，怀念她从小熟悉的景色及人物。她想不通，为什么丈夫那么快就能适应美国的生活！

这时又传来她的女儿爱尔丝在欧洲死亡的不幸消息，使在数千公里之外的她感到非常悲痛。幸好她的另一个女儿玛嘉特也搬到普林斯顿，才使她稍感慰藉。

随着他们一家搬到美国的，还有爱因斯坦博士的秘书——海伦·杜卡斯小姐。她现在必须回复一些以前未曾见过的信件，像是："能否请您运用您的影响力来影响柏林的美国领事？我的家人和我都得不到签证，而等待签证的人又那么多。如果我们不赶快离开德国，可能就太迟了。"有位学生要求帮助他进入美国大学；一位逃出德国但留在西班牙的犹太科学家，请求爱因斯坦推荐他在美国担任一项研究职位，多么基础的研究工作都可以。

爱因斯坦一向乐于帮助不幸的人们。现在他比以往更热心地向这些陷于绝境的难民们伸出援手。曾经有一次，有人问他，为什么同时推荐四个人担任某一家美国医院的 X 光医师？

“我推荐四个人担任同一个职位，”爱因斯坦承认说，“每个人都有他的理由，而且我也叙述了这些理由。相信医院方面会视才而录用的。事实上，他们是这么做了。”他对于不能拒绝这四个求助者的这件事，似乎觉得很不好意思。

在到达美国后不久，爱因斯坦博士举行了一场音乐会，为犹太难民们筹募生活基金，结果募得六千美元。多年来他一直深居简出，不愿抛头露面。他认为自己所能办得到的只是自由捐款，以及利用自己的名气支持他所感兴趣的团体。但此时，由于情势需要，爱因斯坦开始以自己的崇高威望撰写文章，并在电台发表演说，攻击日渐严重的希特勒法西斯主义。他不仅是世界上最著名的科学家，也是逃往美国最有成就的犹太难民。

在纽约世界博览会期间，巴勒斯坦也在会场设立自己的展览馆。每当某一个国家的展览馆揭幕时，那个国家的大使就要向美国大众发表欢迎致辞。但是，由于巴勒斯坦仍在英国控制下，并没有自己的大使，那么应该由什么人来代表巴勒斯坦致欢迎辞呢？负责的委员会考虑了许多位杰出的犹太人，最后一致认为，再没有谁比阿尔伯特·爱因斯坦更适合作为犹太人的代表了。

不久，他甚至接受劝告，穿上僵硬的衬衫和礼服，出席纽约的一项午餐会，庆祝巴勒斯坦的希伯来理工学院在美国成立高级研究所。尽管他为人谦逊，但这一次似乎很高兴特拉维夫的物理研究所以他的名字命名。此时希伯来大学也拥有了自己的校区，可以俯视整个耶路撒冷，该校接受了爱因斯坦捐赠的相对论原稿，并把它视为一项最宝贵的礼物。

巴特莱·克拉姆在他的《丝幕之后》一文中，谈到爱因斯坦给他的印象：

他走进房内，使我们的听证活动受到打扰。虽然当时有另一位证人在作证，但当房门打开，听众们一见到他们在报纸杂志上经常见到的那个熟悉的人影时，立刻发出雷鸣般的掌声。他满头白发几乎垂到肩上，步伐缓慢，看来好像是从圣经故事中走出来的先知。哈奇森法官大声呼叫遵守秩序。后来轮到爱因斯坦发表证词时，哈奇森法官说："那些认为我刚才阻止他们向爱因斯坦博士表示欢迎的人，现在可以向他表示欢迎之意了。"房内立刻响起了如雷的掌声。爱因斯坦博士低声向身旁的一位朋友说："我想，他们应该先听听我要说什么，然后再鼓掌。"

曾在柏林出现的那种对爱因斯坦的英雄式崇拜，在美国又再度出现。有一次爱因斯坦在匹兹堡向一群科学家发表演说，演说完毕后，他退到礼堂的贵宾室，布幕开始降下。有位狂热的听众竟然跳上讲台，抢下爱因斯坦刚才用来在黑板上讲解理论时所使用的粉笔。他虽然拿到了粉笔，却被急速降下的幕布打中头部，当场昏倒。

讲课中的爱因斯坦

当以相对论为题材的影片在纽约的美国历史博物馆放映时，许多无法挤进去的观众曾企图把大门推倒。第二天早上一家日报的头条标题是："博物馆的警卫被科学迷制服，警方驰往增援。"另一家报纸的标题是："四千五百人为了观看爱因斯坦影片，在博物馆大打出手。"

在爱因斯坦一家人搬到普林斯顿三年后，麻色街舒适的老家生活方式因为艾莎的生病而受到影响。以前她经常在屋内跑进跑出，一会儿在厨房里为她的丈夫准备他喜爱的茶点，一会儿又跑到客厅，对一位访客说，不可以打扰她的先生。

在妻子弥留的最后几个星期中，爱因斯坦并未到研究院为他准备的办公室去，他留在家中二楼的书房里研究。从大窗子望出去，他可以看到艾莎十分喜欢的那个花园。他经常将桌上的一些文件推开，试着翻阅书架上的几本书。不久，他就会不由自主地坐在他妻子的床边，很少说话，只是静静聆听她回忆在德国的那些愉快的日子。

有时候，她会提到她的女儿爱尔丝："她是那么漂亮，那么年轻，竟然去世了。"一旦说起慕尼黑儿童时代的回忆时，她就会谈到爱因斯坦屋后的花园以及爱因斯坦最喜欢躲藏的那个树丛。"你那时候真是一个很不友善的小男孩，你总是躲着玛加和我。当她嫁给你在瑞士最敬爱的一位教师的儿子时，我们都太高兴了。我希望她能早点来看看我们。但我想我不会在这儿见到她了。"

在艾莎去世几天之后，英费尔德前往麻色街拜访，家里的人告诉他，教授已回到研究所的办公室工作了。

英费尔德感叹地说："只要爱因斯坦还活着，没有任何力量能够阻止他的工作。"

第五篇　揭开原子能研究的序幕

一个人的价值，应当看他贡献什么，而不应看他取得什么。

——爱因斯坦

原子能的理论提供者

第二次世界大战的火焰像草原上的大火，迅速燃烧了整个欧洲，但麻色街家中的生活却很平静。杜卡斯小姐把爱因斯坦夫人的责任加到她自己的身上，她照顾爱因斯坦的生活同样周到而严厉，对于一些不速之客，也同样予以阻挡。玛嘉特在哥伦比亚大学研究，她经常前来探望，并且给这里带来年轻人的欢乐。她养了一只可爱的小猫，教授很快就喜欢上它的娇态。不久，奇哥——一头完全不守秩序的小狗，又加入了这个家。

1939 年，玛加来看她的哥哥。许多初次见到她的人，都对他们兄妹长的如此酷似感到惊讶不已。玛加的声音竟然与她的哥哥十分相似，而且说话时的语调也差不多，她爽直的个性也像她的哥哥。

另一些受到欢迎的访客是他的儿子汉斯和汉斯的妻子及两个孩子：伯纳德，严肃好学；小艾芙琳，梳着小辫子，活泼可爱。汉斯在南方待了一阵子之后，带了家人搬往伯克莱，目前在加州大学工程系担任教授。他的弟弟爱德华研究医药，和他的生母一起留在瑞士。

爱因斯坦 1933 年到美国去，是以观光客的身份签证入境的，他急于要成为一个美国公民，但根据移民法的规定，必须先在某处外国土地上向美国领事提出申请。因此，爱因斯坦前往英国的属地百慕大，在这里他受到热烈的欢迎，美国领事设宴款待他。于是，爱因斯坦获准以一位永久居民的身份进入美国了。

要想成为美国公民没有捷径可循，他从百慕大到达美国之后，还要再等上五年，才能成为一名美国公民。他和玛嘉特及杜卡斯小姐花了许多时间研究美国宪法及历史。1940 年在爱因斯坦的生命中是决定性的一年，对他的秘书及继女而言也是如此。他们顺利通过考试，正式成为美国公民。

爱因斯坦的鬼脸

对阿尔伯特·爱因斯坦来说，他绝不会盲目信仰他的国家——不管他的国家是对还是错。身为欧洲人，他比许多土生土长的美国人更能清楚地看出侵略国的阴影正缓慢、但肯定地笼罩在他们所选定的猎物上。他的恐惧感与日俱增，因为他亲眼看见了日本在中国东北的侵略行为，意大利占领了无助的埃塞俄比亚，法西斯主义者和纳粹党干预西班牙，德国占领了捷克。他对美国及欧洲民主国家的盲目及犹疑不决深感纳闷，这些国家为什么对这些动乱袖手旁观?

有一次，他问一位美国高级外交官，为什么美国不以商业抵制的方式来阻止日本对中国的侵略?“日本对我们的商业利益太重要了。我们的许多大商人坚持出售石油及废铁给日本。”这是他所获得的答案。爱因斯坦想不到一个爱好自由的国家竟然把战略物资出售给侵略者，这使他十分惊讶。

同时还有人提醒他，抵制某一个国家以及拒绝购买它的货品，实际上就等于是不宣而战。爱因斯坦已不再是一位和平主义者，但他仍然深信，战争是人类的最大祸害。他也知道，此时再不抵抗，就太迟了。当他读到从挪威到苏联的一些非战斗人员遭到屠杀的新闻时，当他想到欧洲最杰出及最勇敢的领袖们正在集中营内受苦受难时，他深信，暴力一定要用暴力来对付，否则，一些善良的人类就要从地球上消失了。一群比利时年轻人问他，如果比利时参加战争，他们是否应该拒绝参战。这位以前是“反战”领袖的科学家断然宣称，他们应该为祖国的自由而战。

有一次，爱因斯坦的一位同事在和他讨论“相对论”时问他：“在科学研究方面，你下一步将向哪一方向发展?”爱因斯坦的回答，更像是一位诗人，而不像是一位科学家。他说：“谁敢说一棵正在成长中的树木，它的树枝下一次将伸向何处?”爱因斯坦本人也没有想到，他那个著名的公式 $E = mc^2$ 将在现实中得到应用并且震惊全世界！帕萨迪纳的米利坎博士在提到这个公式时，一点儿也没夸张。他说这个公式“是有史以来对人类影响最大的一个公式”。

爱因斯坦早在 1905 年就已表示，能量可转变成为质量，而质量也可转变成能量。在他发表这项声明三十三年之后，这项理论成为铀制造的基础，并导致原子弹的发明。

1938 年在威廉皇帝科学研究所，奥托·哈恩和莉泽·迈特纳一起研究这个公式。爱因斯坦一向十分欣赏后者，他称她为“我们的居里夫人”，他说这位奥地利女科学家甚至比居里夫人更伟大。哈恩和迈特纳小姐发现了铀原子核裂变后，部分质量消失而转变为能量释放出来。

幸好德国人尚没有能力制造原子弹，这也是人类的幸运。莉泽·迈特纳由于具有犹太血统，她的生命很快受到威胁，幸好她躲到瑞典去了。后来，由于德国在苏联前线战败，希特勒和他的将领觉得他们再也不能把庞大的财力和人力应用在哈恩和迈特纳所创立的研究工作上，他们认为应把全部人力和物力用于制造急需使用的弹药之上。由于他们急于制造战争所需的弹药，所以也就无法支持德国科学家们研究这项极具可怕力量的新型武器。

在以后的发展过程里，科学家彼此间密切合作。物理学家、化学家、数学家及工程师，从爱因斯坦一直到实验室的每一个工作人员，都在原子弹的戏剧性制造过程中扮演了重要的角色。

莉泽·迈特纳带着她的实验结果流亡国外，并会晤哥本哈根理论物理研究所所长尼尔斯·玻尔博士。玻尔虽然不像爱因

著名物理学家玻尔（1885—1962）

斯坦那般举世皆知，但在物理学方面也同样赫赫有名，而且他在英国跟随卢瑟福研究时，曾对原子的构造做过漫长而深入的研究。莉泽·迈特纳的发现使玻尔更感兴奋，因为恩利克·费米——从意大利法西斯主义暴虐统治下逃到美国的一位科学家，已经预测到这种可能性：分裂一个铀核子之后，经由一项连锁反应，可以使其他核子重复分裂。

通过计算可知，一磅铀所释放的能量，相当于燃烧几千吨煤的能量，所以许多科学家深信，如制造出铀弹，其毁灭力将是一般炸药的几百万倍。

费米在获知莉泽·迈纳和玻尔会晤的结果之后，立即和利奥·西拉德（从柏林大学逃出的一位犹太难民科学家，在哥伦比亚大学做科学研究）会晤，讨论需要多久可制造出原子弹。他们知道，美国政府必须花上几个月的时间，才能建立起实验室以及提供科学工作人员。他们认为，如果把这件事向陆军或政府官员提出，是很不聪明的做法。这些官员可能会斥责他们是不切实际的大学教授。不过，罗斯福总统倒是经常召见科学家，并给予多方协助。因此，他们认为，如果直接去见这位三军最高统帅的话，也许这件事可以很快获得解决。

给罗斯福总统写信

但这件事必须保持绝对机密，绝对不可让任何人知道他们为什么如此急于见到总统。西拉德在柏林时就已经认识爱因斯坦了，他认为，只要这位美国最著名的科学家能够说一句话，就能很快达到目的。于是，他们两人联络了尤金·维格纳——在普林斯顿大学执教的另一位匈牙利物理学家。他们在 1939 年 8 月的一个早晨，一起离开纽约，前往宁静的迪拉威小镇去拜访爱因斯坦博士。

美国第三十二任总统罗斯福（1882—1945）

他们问道："你能写信给总统，并要求他批准一个秘密的大计划，研究生产原子弹吗?"

爱因斯坦有点迟疑地说："我写信给罗斯福总统有用吗?我们以前并未见过面。他并不认识我啊!"

西拉德笑道："全美国的每一个人都认识并且尊敬你。总统当然也知道你的成就，听说他对你很仰慕。如果你肯去信，必会立刻受到重视，不管他有多忙。”

爱因斯坦仍然犹疑不决，他凝望着夏日阳光下的花园，陷入沉思中。

他悲伤地想着，自己以前还自称是位和平主义者呢！自己曾一再地公开宣称，将尽一切力量来反对战争，并拒绝参与任何集体性的谋杀，不管那是如何微小，还曾一度请求世界上所有善良的人们追随自己从事这方面的事情，现在怎能利用自己的影响力来促使发展这种有史以来最可怕的武器呢？

他靠在椅背上，忧心忡忡。那几位科学家彼此对望了一眼，谁都没有说话。

爱因斯坦又自忖：已经有许多传言，说德国进口了许多铀。如果让德国人获得足够的时间，他们必然会研究出原子弹，从而使纳粹所向无敌。原子弹将成为摧毁人类的最残酷的死亡使者！到那个时候，所有的人类都将生活在希特勒的残酷统治下，那岂不是更加残忍吗？

这位满头白发的科学家俯身在他的书桌上，拿起他的笔，开始写下他一生中最重要的一封信：“费米和西拉德最近从事某项研究，曾将原稿给我过目，使我深信，铀元素将在最近的将来成为一种新的而重要的能源……这将导致一种极为强力的炸弹产生。这种炸弹，只要由船只携带一枚驶进港口爆炸，则整个港口将立遭毁灭，附近的一切也都会化为灰烬。”

爱因斯坦呼吁，由政府主持但由科学家负责的研究工作应立即在美国展开。他告诉总统说，德国可能已在积极进行，如果让德国先发明了这种武器，那将会是人类无法挽救的浩劫！

由于必须保证绝对的秘密，这封信不能邮寄给总统。谁能够把这封信亲自交给总统本人，而不致延误呢？结果他们找到了一位送信的使者——纽约市的亚历山大·萨克斯，他和总统身边的官员有所接触。即便如此，爱因斯坦的信两个月之后才到达罗斯福总统的手中。后来，在最机密的情况下，原子弹的研究工作终于在美国几处地点展开了。

原子弹的产生

在同样秘密的情况下，大约是五年之后，第一枚原子弹终于在后来加入的奥本·海默（原子弹之父）的带领下在新墨西哥州的白沙导弹试射场试爆成功。接下来的问题是：这种可怕的武器是否应该用在敌国身上？1945 春天，参与这项机密研究的每一位美国科学家，在想到要使用这种可怕的新武器时，总会忍不住发抖。

美国第三十三任总统杜鲁门（1884—1972）

阿尔伯特·爱因斯坦曾宣称：“我们这一代已为这个世界带来自从史前人类发现火以来的一项最

具革命性的力量。”他和另外一些科学家们要求美国向敌方提出警告。让他们知道我们已发明了一种新的秘密武器。这种武器可在无人的荒地示范爆炸，允许敌国代表参观这项试爆，使他们有所戒惧，赶快投降，以结束这场血腥的战争。

背景知识

“原子弹之父”奥本·海默

奥本·海默 1904 年出生在纽约一个富裕家庭。他关注着法西斯主义崛起的影响，当他成为加州大学伯克利分校的物理学教授时，已经是一个激进主义分子了。

奥本·海默

1942 年，奥本·海默入选一个物理学家团体，评估制造原子弹的可能性。主持美国政府“曼哈顿计划”的戈罗夫斯将军深为奥本·海默的思想和才华所吸引，他不顾监督“曼哈顿计划”的一些安全官员的反对，将奥本·海默任命为洛斯·阿拉莫斯实验室的主任。

这个新的实验机构在 1943 年 4 月成立的时候只有几百名科学家，但是迅即发展成一个拥有六千名专家的“秘密之城”。二十七个月以后，这些专家在他们昵称为“奥匹”的奥本·海默领导下，成功地制造出世界上第一个原子弹。

1945年8月6日，一架美军的B－29轰炸机在日本广岛扔下第一颗原子弹，杀死了七万人。三天后，另一颗原子弹落在日本长崎，死伤几十万人。8月15日，日本宣布无条件投降。

1947年，奥本·海默担任普林斯顿大学研究院院长。身为国家原子能委员会总顾问和委员会主席，他警告美国不要陷入针对苏联的武器发展竞争，并且反对进行威力更强大的氢弹试验。他的敌人乘机发难，控告他对美国不忠。1954年原子能委员会举行的一次听证会后，奥本·海默被宣布为政治不安全人物，成为当时运动最著名的牺牲者。与此同时，他的“原子弹之父”的声名也更加响亮。

奥本·海默在1962年去世，时年五十八岁。

但另外许多科学家以及杜鲁门总统和他的军事顾问，觉得这种试爆表演不足以赢得战争。对他们来说，把广岛和长崎的人口消灭或使他们受伤，然后再迫使惊慌失措的日本人投降，要比强行登陆日本，从而给双方都造成极大的伤亡，更合乎人道。

爱因斯坦接获一份褒奖令，称他是“原子能之父”，他立即提出抗议。他声明道：“我在这方面的努力是间接的。事实上，我当初未曾想到在我这个时代将会出现原子能。我认为，原子能只会在理论上出现。结果，由于在无意间发现了连锁反应，促使原子能的实现，这是我当初所料想不到的。这是由哈恩在柏林发现的，但他本人也未曾真正明白这项发现所具有的真正意义。结果，莉泽·迈特纳提供了正确的解释，然后逃出德国，把这项资料交到玻尔手中。”

当被问到如果当初他能预测到研究原子弹的后果，是否还会写信给罗斯福总统时，爱因斯坦说：“如果不是德国人先行从事有关这方面的研究，我就不会采取任何行动。”

他经常谈到原子弹的威胁。如果制造原子弹的秘密公开的话，那么，在第三次世界大战中将要毁灭掉地球上三分之二的人口。爱因斯坦接着又说：“这项威胁也许会立即促使人类的国际事务恢复秩序，要不是因为某些恐惧感，人类是不会这样做的。”

尽管爱因斯坦博士不喜欢参与公共活动，而且年纪也大了，但他仍被选为原子科学紧急委员会的主席，并继续积极参与这个活动。这个委员会募集了一百万美元的基金，推动一项教育计划，以保证“原子能将用于有益于人类的事业，而不是用于毁灭人类”。爱因斯坦在替杂志撰写文章、接受访问以及在电台发表演说时，总是一再要求世界和平及恢复正义。他说：“到那时候，就不会再有战争发生了。”

有人把原子弹视为潘多拉的盒子，认为会从盒子中逃出许多祸害来危害人类。然而，有关原子方面的研究也许会为人类带来幸福。

即使是在当时，医药人员已经开始赞扬原子能是治疗以前各种绝症的良方。他们认为，利用中子光束摧毁癌组织是可以办到的；放射性碘用以治疗甲状腺肿瘤也被证明是极有效果的。科学家们已进行实验，来研究利用放射性钙来治疗骨骼的毛病。

进一步的实验证明，使用原子能，在营养学上可以制造出新的奇迹。热衷于原子能事业的人说，原子能的开发，不仅将使地球上的饥饿消失，也将使贫穷消失。无限的能量，亦即意味着丰富的食物、衣着及房子的生产。城市里不再出现贫民区，人们也无须再节约能源。电费将大大降低，煤矿将成为废墟。由于铀即将取代煤及水力，人们期望出现这类奇迹：在气候极其炎热的地区装设冷气、建立大型灌溉系统、将沙漠变成肥沃的花园、工业将获得重大改革，起码，工人可获得充分的休闲时间，得以从事娱乐及自修。

爱因斯坦虽然无法看到这个“美丽新世界”的实现，但这将是他对人类热情、无私的爱心的最终目标。当俯视哈德逊河的“河边教堂”落成时，这座大教堂装置了许多雕像，其中不仅有《圣经》中的人物和各个时代的圣徒的雕像，还包括了世界上最伟大的领袖及思想家们的雕像。最初大家以为这些雕像中最好不要包括目前健在的人物，但当教堂落成之后，却陈列了一座爱因斯坦的雕像，与一些对人类极有贡献的人物并列在一起，像哲学家苏格拉底和柏拉图、科学家达尔文和牛顿等。教堂牧师哈里·爱默生·福斯狄克博士有一次在讲道时提到爱因斯坦，称赞这位伟大的科学家将其一生都奉献给全人类，表现了真正的宗教精神。

这种颂词令爱因斯坦相当高兴，因为他一向具有真正的宗教精神。在他的《宇宙宗教》及其他文章中，试图使读者了解他并不像许多人所想象的那么反对宗教，而是不断地追求及寻找他自己的宗教观念。

班尼斯·霍夫曼在回忆起他在普林斯顿的爱因斯坦研究室进行长时间的会议时说：“当他讨论一项理论时，他好像是要把一项仔细策划的假设抛弃掉，因为他认为那太过人工化了。”

“我无法接受，上帝的工作不会那么死板。如果我是上帝，我将怎么办?”爱因斯坦这么说。

一代科学巨匠

爱因斯坦在七十岁那年，虽然已经正式从高等研究所退休，但仍然继续进行研究工作。有时候他前往实验室，有时候他坐在书房里，眺望着花园，思索着尚未完成的“统一场理论”。

有很长的一阵子，他坐在那儿陷入沉思，然后拿起铅笔，在一张张纸上写下无数的计算数字。纸张掉到地板上，细心的杜卡斯小姐会把这些纸张捡起来，然后整理好。他仍然试图再多发现一点点，仍然急于要多了解这个世界。他就像一个对字谜百思不得其解的人，或是正在思索下一步棋的棋手。但事实上，阿尔伯特·爱因斯坦对字谜没有兴趣，他也不像其他的数学家，对下棋感兴趣。他喜欢猜谜语，但不是捏造的谜题，而必须是真正的谜题。他无法确定问题是从哪儿发生的，但却能肯定问题永远不会结束，他继续贡献自己的才能来解决这些谜题。

这是很愉快的一天。他让小狗奇哥跳上他的膝盖，一面回想着这一天的情形：清晨在寒风中散步，跟年轻的难民聊天，和原子科学紧急委员会的代表举行会议。他想起下午送到的汉斯的来信，脸上不禁露出微笑。真难想象自己的儿子现在也做了父亲，而且也是一位教授。仿佛就是在昨天，他只不过是个小男孩，对那套漂亮的奥地利军服深表羡慕。爱因斯坦和玛嘉特及杜卡斯小姐吃了一顿安静的晚餐，然后上楼去看看玛加。她最近身体不好，爱因斯坦坐在她床边，念了一段书给她听，她十分高兴。

稍后，有几位朋友前来拜访，大家谈谈天，然后举行了一场家庭音乐会，结束了这个冬天的夜晚。爱因斯坦现在很少演奏小提琴。他宁愿仰靠在他最喜欢的椅子上，做一名听众，但现在音乐声似乎越来越遥远，他那双寻找宇宙之谜且永远充满疑问而毫无恐惧的眼睛，逐渐变得朦胧欲睡。他仿佛见到了多年以前的德国，那是遥远而不再出现的德国。

也许他看到了一个睡眼惺忪的小男孩，虽然上床睡觉的时间已经过了很久，但他仍然坐在黑暗中的楼梯口，聆听他的母亲在楼下的大厅中演奏贝多芬的曲子。

1955 年 4 月 18 日，阿尔伯特 · 爱因斯坦博士逝世的消息传出以后，全世界为之震惊。他在几天之前因身体微感不适，住进了普林斯顿医院，在凌晨 1 点 15 分去世，当时只有一位值夜的护士在他身边。她说他在睡梦中喃喃说了几句德语，她听不懂是什么意思。

全世界的领袖、杰出的科学家、政治家及学者们，都向这位伟大的科学家致哀。举世为之哀悼。艾森豪威尔总统说："没有其他人能比得上他对 20 世纪的知识所做的巨大的贡献。也没有任何人比他更谦逊、更充满智慧。对生活在核子时代的每个人来说，阿尔伯特 · 爱因斯坦显示了个人在一个社会中所能产生的无比的创造能力。"

附　录

爱因斯坦年表

1879 年　3 月 14 日上午 11 时 30 分，爱因斯坦出生在德国乌尔姆市班霍夫街 135 号。父母都是犹太人。父亲赫尔曼·爱因斯坦，母亲波林·科克。

1895 年　自学完微积分。投考苏黎世联邦理工学院，未被录取。10 月，转学到瑞士阿劳州立中学。

1896 年　获阿劳中学毕业证书。10 月，进苏黎世联邦理工学院师范系学习物理。

1900 年　8 月，从苏黎世联邦理工学院毕业。12 月完成论文《由毛细管现象得到的推论》，次年发表在莱比锡《物理学杂志》上。

1901 年　3 月 21 日，取得瑞士国籍。12 月，申请去伯尔尼瑞士专利局工作。和大学同学米列娃结婚。

1905 年　3 月，发展量子论，提出光量子假说，解决了光电效应问题。4 月，向苏黎世大学提出论文《分子大小的新测定法》，取得博士学位。5 月，完成论文《论运动物体的电动力学》，独立而完整地提出狭义相对性原理，开创物理学的新纪元。9 月，提出质能相当关系。

1906 年　11 月，完成固体比热的论文，这是关于固体的量子论的第一篇论文。

1907 年　在论文《关于相对性原理和由此得出的结论》中提出均匀引力场同均匀加速度的等效原理。

1909 年　3 月和 10 月，完成两篇论文，每一篇都包括对于黑体辐射论的推测。10 月，离开伯尔尼专利局，任苏黎世大学理论物理学副教授。

1910 年　10 月，完成关于临界乳光的论文。

1912 年　2 月，埃伦费斯特来访，两人由此结成莫逆之交。提出光化当量定律。开始同格罗斯曼合作探索广义相对论。

1913 年　7 月，普朗克和能斯特来访，聘请他为柏林威廉皇帝物理研究所所长兼柏林大学教授。12 月 7 日在柏林接受院士职务。发表同格罗斯曼合著的论文《广义相对论和引力理论纲要》，提出引力的度规场理论。

1914 年　4 月 6 日，从苏黎世迁居到柏林。7 月 2 日在普鲁士科学院发表就职演说。11 月，提出广义相对论引力方程的完整形式，并且成功地解释了水星近日点运动。

1916 年　3 月，完成总结性论文《广义相对论的基础》。5 月提出宇宙空间有限无界的假说。8 月，完成《关于辐射的量子理论》，总结量子论的发展，提出受激辐射理论。首次进行关于引力波的探讨。撰写《狭义和广义相对论浅说》。

1918 年　2 月，爱因斯坦发表关于引力波的第二篇论文，包括四级公式。

1919年 2月，同米列娃离婚。6月与艾莎结婚。9月，获悉英国天文学家观察日食的结果，11月6日消息公布后，全世界为之轰动。由此，爱因斯坦的理论被视为“人类思想史中最伟大的成就之一”。10月，接受兼任莱顿大学特邀教授名义，发表《以太和相对论》的报告。

1921年 1月，访问布拉格和维也纳。4月2日—5月30日，为了给耶路撒冷的希伯来大学筹集创建资金，同魏茨曼一起首次访问美国。

1922年 1月，完成关于统一场论的第一篇论文。3月—4月访问法国，努力促使法德关系正常化。10月8日，爱因斯坦和艾莎在马赛乘轮船赴日本。沿途访问科伦坡、新加坡、香港和上海。11月9日，爱因斯坦在访问途中被授予1921年诺贝尔物理学奖。

1927年 发表《牛顿力学及其对理论物理学发展的影响》。

1928年 1月，发表《物理学的基本概念及其最近的变化》。

1929年 2月，发表《统一场论》。3月，五十岁生日，躲到郊外以避免生日庆祝会。6月28日获普朗克奖章。

1932年 12月10日，和妻子离开德国去美国。

1933年 3月10日，在帕萨迪纳发表不回德国的声明，次日启程回欧洲。4月21日，宣布辞去普鲁士科学院职务。10月10日，离开英国，10月17日，到达美国，定居于普林斯顿，应聘为普林斯顿高等研究院教授。

1935年 5月，到百慕大短期旅行。在百慕大正式申请永远在美国居住。同波多尔斯基和罗森合作，发表向哥本哈根学派挑战的论文，宣称量子力学对实在的描述是不完备的。

1936 年 开始同英费尔德和霍夫曼合作研究广义相对论的运动问题。12 月 20 日，妻子艾莎病故。当年发表《物理学和实在》《论教育》。

1937 年 6 月，同英费尔德和霍夫曼合作完成论文《引力方程和运动问题》，从广义相对论的场方程推导出运动方程。

1939 年 8 月 2 日，在西拉德推动下，致信罗斯福总统，建议美国抓紧原子能研究，防止德国抢先掌握原子弹技术。

1940 年 5 月 15 日，发表《关于理论物理学基础的考察》。10 月 1 日取得美国国籍。

1941 年 发表《科学和宗教》等文章。

1944 年 支持反法西斯战争，以六百万美元拍卖 1905 年狭义相对论论文手稿。

1945 年 10 月，给联合国大会写公开信，敦促建立世界政府。

1947 年 发表《量子力学和实在》。

1950 年 4 月，发表《关于广义引力论》。文集《晚年集》出版。

1952 年 发表《相对论和空间问题》《关于一些基本概念的绪论》。11 月，以色列第一任总统魏茨曼死后，以色列政府请他担任第二任总统，被拒绝。

1954 年 完成《非对称的相对论性理论》。

1955 年 4 月 18 日 1 时 25 分，在医院逝世。当日 16 时遗体在特伦顿火化。终年七十六岁。